MENTOR LERN-HILFE

Band 565

Französisch

1./2. Lernjahr

Ça alors! 1

Verbformen, Verneinung, Futur composé, Passé composé, Possessivbegleiter, Teilungsartikel

Mit ausführlichem Lösungsteil zum Heraustrennen

Mit Lerntipps!

Marlies Kohnert
Detlev Mahnert
Wolfgang Spengler

Mentor Verlag München

In Zusammenarbeit mit Langenscheidt

Über die Autoren:

Marlies Kohnert, Gesamtschuldirektorin, Schulleiterin an einer Gesamtschule, Mitarbeit am Lehrplan für Französisch an Gesamtschulen, Koautorin mehrerer didaktischer Werke für Französisch an Gesamtschulen

Detlev Mahnert, Studiendirektor, Lehrer am Gymnasium, Autor mehrerer Mentor Lernhilfen und anderer didaktischer Werke zu Französisch und Deutsch, Koautor des Lehrwerks „Etapes", Mitarbeit am Lehrplan für Französisch an Gesamtschulen

Wolfgang Spengler, Studiendirektor, Lehrer am Gymnasium, Fachleiter für Französisch am Staatl. Bezirksseminar, Autor mehrerer Mentor Lernhilfen und anderer didaktischer Werke zu Französisch, Koautor des Lehrwerks „Découvertes"

Redaktion: Dorothea Leiser; Elke Spitznagel

Illustrationen: Pieter Kunstreich, Hamburg

Layout: Barbara Slowik, München

Titelgestaltung: Iris Steiner, München

Umwelthinweis: Gedruckt auf chlorfrei gebleichtem Papier.

Satz/Repro: OK Satz GmbH, Unterschleißheim
Druck: Landesverlag Druckservice, Linz
Printed in Austria · ISBN 3-580-63565-4

3. 4. 5. 6. 7. 04 03 02 01 00

Inhalt

Salut, cher ami!

Je m'appelle ***Pierre*** *et je suis Français – bien sûr!* – Natürlich bin ich Franzose, heiße Pierre und möchte dir helfen, meine Sprache zu lernen.

Schön, dass du ganz allein dein Französisch verbessern willst! Ich werde versuchen, dir den Lehrer zu ersetzen, und weil ich schon ein paar Tage älter bin als du, wird mich meine Nichte **Pauline** dabei unterstützen.

Vorwort

Warum du dieses Buch aufgeschlagen hast – vielleicht, weil du deine Kenntnisse vertiefen möchtest, weil du überhaupt Probleme mit meiner Sprache hast, weil du längere Zeit krank warst, weil ... – ist egal: Hauptsache, du willst jetzt mit **„Ça alors!“** arbeiten! Damit du das wirklich sinnvoll tun kannst, wollen Pauline und ich dir ein paar Tipps geben.

Zuallererst: Ein Zauberbuch ist „Ça alors!“ nicht – lernen musst du auch mit diesem Buch! Aber wir (d. h. die Autoren – lauter erfahrene Französischlehrer – und ich) wollen es dir ein bisschen leichter machen. Wir haben z. B. die grammatischen Schwerpunkte ausgewählt, in denen Schüler(innen) erfahrungsgemäß besonders oft Fehler machen, und du suchst dir einfach die Themen heraus, die für dich im Moment wichtig sind. Neben dem **Inhaltsverzeichnis** hilft dir bei der Suche vor allem das alphabetische **Stichwortverzeichnis** (S. 163ff.), das viele Einzelheiten (grammatische Begriffe, Verbformen usw.) enthält. Bevor du ein Kapitel durcharbeitest, solltest du als Erstes den **Eingangstest** machen – er kann dir helfen, deine Schwachstellen zu finden.

Wir weisen auch an bestimmten Stellen darauf hin, wenn ein Teilkapitel für dich vielleicht noch nicht so wichtig ist, weil du es im Unterricht noch gar nicht behandelt hast. Solche Teile lässt du dann einfach aus!

Natürlich knallen wir dir in „Ça alors!“ nicht einfach ein paar Regeln und Formentabellen an den Kopf – dann hättest du ja gleich zu einer normalen Grammatik greifen können! Wir machen dich vielmehr in jedem Kapitel ganz allmählich mit den Einzelheiten und Problemen des entsprechenden grammatischen Stoffs vertraut und bieten dir dazu immer wieder Übungsmöglichkeiten an. Damit du dabei den Überblick nicht verlierst, gibt es am Schluss jedes Kapitels eine **zusammenfassende Übersicht**. Und wenn du auf unbekannte **grammatische Begriffe** stößt, schlag einfach S. 153ff. auf.

Damit du dich selbst kontrollieren kannst, enthält das Buch am Ende einen **Lösungsteil.** Am besten trennst du den heraus und legst ihn beim Arbeiten daneben. Aber betrüge dich nicht selbst – erst nachsehen, wenn du die Lösung schon hingeschrieben hast! Du findest dort übrigens auch oft Hinweise zu Fehlern, die du vielleicht gemacht hast.

Um wirklich Erfolg zu haben, musst du ein Kapitel mehrmals durcharbeiten. Markiere dir auch Übungen, in denen du mehrere Fehler gemacht hast – diese Übungen solltest du immer wieder machen. Das geht am besten, wenn du die Übungen mit einem wasserlöslichen Folienstift auf eine Folie schreibst, die du auf die entsprechende Seite auflegst. So kannst du später alles abwaschen und die Übung noch einmal machen. Einige Übungen musst du sowieso auf ein extra Blatt oder – besser – in ein eigenes Übungsheft machen.

Zum Schluss wollen wir dich noch ganz besonders auf die **Lerntipps** ab S. 157 hinweisen. Wenn du sie bei deiner täglichen Arbeit anwendest, wirst du bald selbst feststellen, dass man mit der richtigen Lerntechnik gerade bei Fremdsprachen große Erfolge erzielen kann!

Et voilà – c'est tout! Au travail, et bon courage!

Pierre et Pauline

Benutzerhinweise

Der Text dieses Bandes entspricht der neuen Rechtschreibung.

Regel 1	Hier findest du besonders wichtige Grundregeln zum Lernen.
Tabelle 5	Hier findest du Formen und Beispiele übersichtlich zusammengestellt.
TiPP	Hier geben wir dir zusätzliche Hinweise, die dir das Lernen erleichtern oder dir helfen, Fehler zu vermeiden.
Übung E 3	Diese Übung kannst du direkt ins Buch machen.
Übung F 2	Diese Übung schreibst du am besten in ein besonderes Übungsheft.

Eingangstest: Das Verb

A

1. Welche Verbformen sind falsch? Streiche die Verben durch, die eine falsche Endung haben. Du solltest das auch bei den Verben erkennen, die dir unbekannt sind.

je parle – vous penses – elle dis – tu chante – vous signez – ils vienne – tu danses – je peut – nous aiment – tu est – elles gagnent – on sais – nous décidons – tu rends – il travaillet – nous choisissent – vous peignet – tu veut

→ Kapitel A1

2. Setze das eingeklammerte Verb in die richtige Form.

1. Aujourd'hui, nous (ne pas travailler) ……………, nous (être) …………… en vacances. 2. Mes parents (regarder) …………… la télé, mais moi, je (ne pas regarder) ……………, le film ne m' (intéresser) …………… pas. 3. Ma sœur (écouter) …………… son nouveau CD – elle (porter) …………… son casque[1], alors nous autres, nous (ne pas entendre) …………… le bruit – la musique des Nègres Verts, pour moi c' (être) …………… du bruit, mais elle, elle les (aimer) …………… beaucoup. 4. Tout à coup, nous (entendre) …………… un bruit. 5. Nous (regarder) …………… par la fenêtre – oui, il y (avoir) …………… quelque chose dans le jardin. 6. Ma mère et moi, on (descendre) ……………, et voilà – un garçon (sortir) …………… de la cabane[2] de Rex, (jeter) …………… quelque chose par terre, (parler) …………… un peu avec une fille qui (attendre) …………… à l'entrée, les deux nous (regarder) …………… *[Subjekt!]* et puis ils (partir) …………… à toute vitesse[3]. 7. Je les (appeler) ……………, mais ils (ne pas réagir[4]) ……………. 8. Je (regarder) …………… ma mère et nous (commencer) …………… à nous faire des soucis[5] – car où (être) …………… Rex? 9. Nous l' (appeler) ……………, mais il (ne pas répondre) ……………. 10. Ça (finir) …………… mal, cette histoire!

1 *le casque:* Kopfhörer • 2 *la cabane:* (Hunde-)Hütte • 3 *à toute vitesse:* in größter Eile • 4 *réagir* (konjugiert wie *finir*): reagieren • 5 *se faire des soucis:* sich Sorgen machen

→ Kapitel A2–3

3. Schreibe die richtige Verbform hin.

vouloir – je …	écrire – tu …
aller – elles …	venir – je …
dire – vous …	savoir – il …
faire – ils …	boire – nous …
être – nous …	voir – vous …

→ Kapitel A4

4. Ergänze die folgenden Äußerungen, indem du einen Imperativ benutzt. Ob es ein Imperativ Singular oder Plural ist, ergibt sich aus der Sprechsituation.

1. Elle ne range pas ses affaires. Son père lui dit: « … .»
2. Les élèves ne veulent pas faire leurs devoirs pour demain. Alors le professeur leur dit: « … pour samedi.»
3. Tarek est déjà en retard. Ses amis l'attendent et appellent: (se dépêcher) « … !»
4. Mme Chesson voudrait discuter avec le chauffeur du car, mais le contrôleur lui dit: «Ne … .»
5. Le client appelle le garçon: « … un café, s.v.p.»
6. Olivier rentre de son match de foot, tout sale[1]. Sa mère: «Alors, mon petit, (aller) … dans la salle de bains et (se laver) … .»
7. M. Leclerc rentre très tard. Il essaie d'expliquer pourquoi, mais sa femme ne le croit pas[2]. (raconter) «Ne … d'histoires!»
8. Les enfants partent pour les vacances. Les parents: «Au revoir, et (être) … prudents[3].»
9. Dans l'ascenseur, le directeur regarde tout le temps la secrétaire. Elle n'aime pas ça. Elle dit: «Ne … comme ça!»
10. Le professeur entre dans la salle de classe et dit aux élèves: (se lever) « … »

1 *tout sale:* ganz verschmutzt • 2 *elle ne le croit pas:* sie glaubt ihm nicht • 3 *prudent, e:* vorsichtig

→ Kapitel A5–7

Das Verb
oder: **Man muss was tun …**

Wir wollen es nicht leugnen: An den Formen der französischen Verben hat sich schon hin und wieder mal einer die Zähne ausgebissen. Dabei lassen sie sich eigentlich ganz gut lernen – allerdings muss man schon ein bisschen dafür tun (aber dafür heißen die Verben ja auch „Tun-Wörter …“). Wir werden dir im folgenden Kapitel die Zähne so stark machen, dass du auch die härtesten Nüsse knacken kannst …

1. Die Endungen im Präsens

Zunächst mal etwas recht Beruhigendes: 90 % der französischen Verben gehören zu der Gruppe, die den Infinitiv auf *-er* bilden (*parler, chanter, écouter* usw. usw.). Sehen wir uns die Endungen dieser Verben noch einmal an:

Tabelle 1

Singular	1. Person	je	parle
	2. Person	tu	parles
	3. Person	il / elle / on	parle
Plural	1. Person	nous	parlons
	2. Person	vous	parlez
	3. Person	ils / elles	parlent

Diese Reihe *-e, -es, -e, -ons, -ez, -ent* musst du dir natürlich unbedingt einprägen – aber wahrscheinlich kannst du sie ja schon.
Die Verben auf *-er* sind aber keineswegs das Einzige, was an den französischen Verben regelmäßig ist!
Sieh dir dazu doch einmal die folgende Zusammenstellung an:

aim**er:**	nous aim**ons**	vous aim**ez**	ils aim**ent**
part**ir:**	nous part**ons**	vous part**ez**	ils part**ent**
rend**re:**	nous rend**ons**	vous rend**ez**	ils rend**ent**
prend**re:**	nous pren**ons**	vous pren**ez**	ils prenn**ent**
vo**ir:**	nous voy**ons**	vous voy**ez**	ils voi**ent**

Du hast sicher schon gesehen, welche Regel sich daraus erkennen läßt:

Regel 1

Im Plural haben fast alle Verben die gleichen Endungen, nämlich:

nous → **-ons**
vous → **-ez**
ils / elles → **-ent**

Folgende **Ausnahmen** musst du dir merken (es handelt sich dabei ja auch um wirklich wichtige Wörter!):

Tabelle 2

être	nous	sommes
être faire dire	vous	êtes faites dites
être faire avoir aller	ils/elles	sont font ont vont

Du hast wahrscheinlich gesehen, dass *être* in dieser Liste dreimal vertreten ist – es ist tatsächlich das unregelmäßigste aller Verben – schlimmer ist keines! Weil *être* aber nicht nur sehr unregelmäßig, sondern leider auch sehr wichtig ist, werden wir uns später noch einmal damit befassen.

Jetzt sehen wir uns erst einmal den Singular verschiedener Verben an, die im Infinitiv nicht auf *-er* enden, und versuchen auch hier Gesetzmäßigkeiten herauszufinden:

Tabelle 3

	1. Pers. Sg.	2. Pers. Sg.	3. Pers. Sg.
finir partir voir faire perdre	je finis pars vois fais perds	tu finis pars vois fais perds	il/elle/on finit part voit fait perd
vgl. parler	(parle)	parles	(parle)

Finir, partir, voir, faire, perdre – das sind ganz unterschiedliche Verben, und doch haben sie manches gemeinsam, wie du sicher festgestellt hast: Bestimmte Endungen kommen nur in bestimmten Personen vor, nämlich:

Regel 2

Ein *-t* oder *-d* am Ende gibt es **nur in der 3. Person**, also in Verbindung mit *il*, *elle* (sowie *ils*, *elles*); umgekehrt gilt demnach:
Eine Verbform mit *je*, *tu* (sowie *nous*, *vous*) kann **niemals auf -t/-d** enden!

Ein *-s* am Ende kann **nie 3. Person** sein! Es ist entweder
1. Person (je) – bei den Verben, deren Infinitiv nicht auf *-er* endet, wie *finir (je finis)* – oder
2. Person *(tu)* – und zwar **bei allen Verben!**

Wenn du zu den eben gelernten Regeln noch Regel 1 und Tabelle 1 hinzunimmst, wirst du wahrscheinlich bald feststellen, dass zu den einzelnen Personalpronomen (also *je, tu, il, elle, on, nous, vous, ils, elles*) in den meisten Fällen nur eine Endung gehört, höchstens zwei. Also:

Regel 3

je	→	**-e**	oder	**-s**	(je parl**e**, je fini**s**, je perd**s**)
tu	→	**-s**	(immer!)		(tu parle**s**, tu fini**s**, tu perd**s**)
il/elle/on	→	**-e**	oder	**-t/-d**	(il parl**e**, elle fini**t**, on per**d**)

Ausnahmen: aller, avoir, pouvoir, vouloir

nous	→	**-ons**	(nous parl**ons**, nous finiss**ons**, nous perd**ons**)
vous	→	**-ez**	(vous parl**ez**, vous finiss**ez**, vous perd**ez**)
ils/elles	→	**-ent**	(ils parl**ent**, ils finiss**ent**, elles perd**ent**)

Ausnahmen: aller, avoir, être, dire, faire

Übung A1

Streiche in der folgenden Liste die falschen Verbformen durch.

je choisis	je finit	elle offres	ils achètent
~~il pars~~	tu doit	ils descendent	vous mettez
je doit	je laves	je sort	il faut
je parle	tu perds	nous admirez	je fais
il boit	il parle	vous finissez	
je sais	vous faisons	vous lisent	

Wie viele falsche Formen hast du gefunden? (Wenn es nicht genau 10 sind, solltest du dir noch einmal die Regeln 1 bis 3 ansehen!)

A 2. Die regelmäßigen Verben

Nachdem wir nun festgestellt haben, dass es gar nicht so schwierig ist, das System der Verb-Endungen zu verstehen, sehen wir uns jetzt die regelmäßigen Verbgruppen an: Verben, deren Infinitiv auf *-er*, *-ir* oder *-dre* endet:

Tabelle 4

-er (Typ: parler)	
je	parle
tu	parles
il, elle, on	parle
nous	parlons
vous	parlez
ils, elles	parlent
j'ai parlé	

-dre (Typ: vendre)	
je	vends
tu	vends
il, elle, on	vend
nous	vendons
vous	vendez
ils, elles	vendent
j'ai vendu	

-ir mit Erweiterung **-iss-** (Typ: finir)		ebenso:
je	finis	choisir
tu	finis	réfléchir
il, elle, on	finit	réussir
nous	finissons	réagir
vous	finissez	
ils, elles	finissent	
j'ai fini		

-ir ohne Erweiterung (Typ: sortir)		ebenso:
je	sors	partir
tu	sors	servir
il, elle, on	sort	sentir
nous	sortons	dormir
vous	sortez	mentir (lügen)
ils, elles	sortent	se repentir (bereuen)
je suis sorti(e)		

Wenn du beim Ansehen dieser Tabellen auch auf die Endungen geachtet hast, ist dir sicher etwas aufgefallen – Regelmäßigkeiten, die das Lernen sehr erleichtern:

Regel 4

Alle diese Verben enden			
im Singular entweder auf	*-e*	oder auf	*-s*
	-es		*-s*
	-e		*-t/-d*
und im Plural auf		*-ons*	
		-ez	
		-ent	

Dies gilt für fast alle Verben, die du kennst, auch für die meisten unregelmäßigen! (Zu diesen kommen wir später.)

Diese Formen üben wir jetzt mal quer durcheinander. Wir haben dafür eine völlig verrückte Geschichte erfunden …

Übung A2

Histoire folle

1. Aujourd'hui, c'est dimanche. Je ne (travailler) ……travaille…… pas, je (regarder) ………………… la télé. 2. Ils (donner) ………………… un film avec Jean-Paul Belmondo. 3. Je l'(aimer) ………………… beaucoup, Belmondo, c'est un type extra. 4. Ma sœur (écouter) ………………… son nouveau CD des Nègres Blancs – elle les (trouver) ………………… très cool. 5. Moi, je (trouver) ………………… qu'ils (chanter) ………………… comme des casseroles.[1] 6. Tout à coup, nous (entendre) ………………… un bruit. Qu'est-ce que c'est donc? 7. Nous (descendre) ………………… dans le jardin, ma sœur et moi, mais le chien ne (descendre) ………………… pas, il a peur. 8. Quand nous (sortir) …………………, j'(entendre) ………………… des pas[2] – et voilà un homme! 9. Mais il (partir) ………………… déjà, comme une flèche[3]. 10. Nous (réfléchir) ………………… – que faire? Appeler la police? 11. Mais voilà nos parents qui (arriver) ………………… 12. Nous leur (raconter) ………………… tout. 13. Ils (écouter) ………………… l'histoire, et papa (réfléchir) ………………… un peu. Puis il dit: «C'est o.k. – ce monsieur, c'est mon ami Jean-Paul Belmondo. 14. Il me

(rendre) .... souvent visite[4]. 15. Je (penser) ....

qu'il me (chercher) .... toujours[5].

16. Quelquefois[6], il (sortir) .... du

poste de télé[7] et (descendre) ....

dans notre jardin. 17. Alors, je l' (attendre)

.... et nous (sortir)

.... ensemble – au café, par exemple, où on (jouer)

.... au billard.» 18. Papa (finir) .... son

histoire et (commencer) .... à rigoler ... 19. Ma sœur et moi,

nous (regarder) .... notre père et moi, je suis sûr que papa

est devenu fou ...[8]

1 *chanter comme une casserole:* miserabel singen (singen wie ein Kochtopf) • 2 *le pas:* Schritt • 3 *la flèche:* Pfeil • 4 *rendre visite à qn.:* jemanden besuchen • 5 *toujours:* hier: immer noch • 6 *quelquefois:* manchmal • 7 *le poste de télé:* Fernsehapparat • 8 *il est devenu fou:* er ist verrückt geworden

Übung A3

Jetzt wollen wir noch eine Übung zum Knobeln machen – wenn du nicht zurechtkommst, macht es nichts, du kannst auch ohne diese Übung weitermachen.

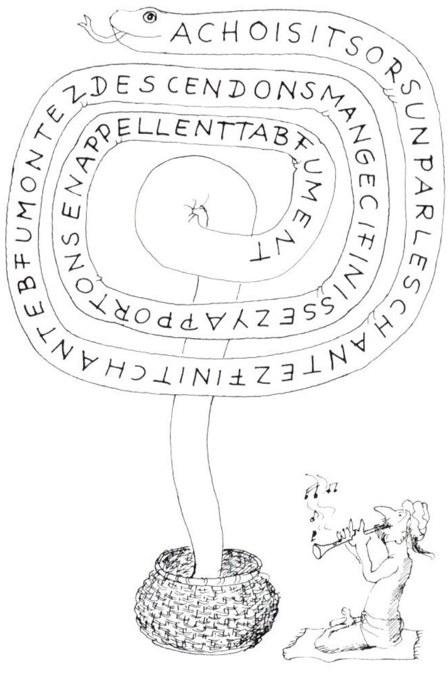

In dieser Wörterschlange findest du 8 Verbformen, die zu den Pronomen *je, tu, il, elle, nous, vous, ils, elles* passen, und zwar in dieser Reihenfolge! (Deshalb passt *choisit* – das erste Wort – nicht, denn es heißt *je choisis*!)

Schreibe alle Verbformen der Reihe nach in die folgende Tabelle und setze vor die acht richtigen Formen das passende Pronomen.

╱	choisit
je	

Übung A4

In der folgenden Übung findest du falsche und richtige Verbformen vermischt. Die richtigen hakst du einfach ab. Die falschen Formen streichst du dick durch. Schreibe dann die korrekte Form in dein Heft. Die Anfangsbuchstaben dieser Verben ergeben einen Lösungssatz. Auch wenn du diesen herausgefunden hast, solltest du die Formen noch im Lösungsteil nachschlagen.

1. (attendre) tu attends ✓
2. (bavarder) ~~il bavardet~~ il bavarde
3. (choisir) tu choisis
4. (rendre) nous rendont
5. (acheter) j'achètes
6. (sortir) vous sortez
7. (descendre) elle descend
8. (vendre) je vend
9. (oublier) vous oublient
10. (choisir) ils choisissent
11. (dormir) ils dorment
12. (partir) nous partons
13. (travailler) elle travaillet
14. (regarder) vous regarde
15. (finir) je finis
16. (manger) je mange
17. (entendre) il entends
18. (parler) ils parlent
19. (vendre) il vend
20. (sortir) elle sors
21. (jouer) nous jouons
22. (dire) vous dites
23. (boire) il bois
24. (faire) vous faites
25. (être) nous sommes
26. (inviter) elle invites
27. (écouter) tu écoute
28. (dormir) vous dormez
29. (choisir) il choisit
30. (nager) ils nagez

Bevor wir nun weitermachen, fassen wir hier die Regeln 1 bis 4 noch einmal zusammen, weil sie so wichtig sind – und weil du wirklich viele Fehler vermeiden kannst, wenn du dir die paar Faustregeln einprägst!

Tabelle 5

Singularendungen:	-e		-s	
	-es	(90 % aller Verben)	-s	(10 %)
	-e		-t/-d	

-*t* oder -*d*	am Ende:	immer nur **3. Person**! Niemals 1. oder 2. Person!
-*s*	am Ende:	immer nur **1. oder 2. Person**, niemals 3. Person!

Pluralendungen fast immer	-ons
	-ez
	-ent

A

3. Besonderheiten bei einigen Verben auf *-er*

90 % aller Verben, haben wir gesagt, enden auf *-er*, und weil die regelmäßig sind, gibt es da keine Probleme – fast keine, aber das Leben ist ja meist wie Radio Eriwan: Im Prinzip ja, aber …

Es gibt also leider auch bei den Verben auf *-er* ein paar **Abweichungen**, und zwar

3.1 Verben, deren Infinitiv auf *-cer* oder *-ger* endet

Diese haben eine Besonderheit in der 1. Person Plural *(nous):*

Regel 5

Verben auf *-**ger**: nous* → Endung *-**eons** (mangeons)*
Ebenso: *ranger, changer* u. a.
Verben auf *-**cer**: nous* → Endung *-**çons** (commençons)*
Ebenso: *annoncer* (ankündigen), *avancer* (vorgehen, vorankommen, vgl. englisch *to advance*) u. a.

Das *-e* bei den Verben auf *-ger* sorgt dafür, dass *-g-* auch in der 1. Person Plural genauso wie in allen anderen Formen [ʒ] gesprochen wird; und das Häkchen unter dem *c (ç)* sorgt dafür, dass das *c* in diesen Verben immer wie [s] ausgesprochen wird.

Im Allgemeinen wirst du es wohl vor allem mit den Verben *manger* und *commencer* zu tun haben – pass hier also besonders auf!

3.2 Weitere Besonderheiten bei bestimmten Verben

Bei einigen Verben ändert sich die Schreibung (und damit zumeist auch die Aussprache), je nachdem ob sie „hinten", also auf der Endung betont werden (Infinitiv, 1. und 2. Person Plural sowie Participe passé) oder „weiter vorne", auf dem so genannten Stamm (der ganze Singular und die 3. Person Plural).

Typ 1: *appeler, jeter* u. a.

j' appelle	nous appelons	vous appelez	(j'ai appelé – ich habe gerufen)
tu jettes	nous jetons	vous jetez	(j'ai jeté – ich habe geworfen)

Was stellst du fest? In den Formen, die nicht auf der Endung betont werden, wird der Konsonant vor der Endung verdoppelt.

Typ 2: *acheter, enlever, peser* u. a.

j' achète	nous achetons	vous achetez	(j'ai acheté)
il enlève	nous enlevons	vous enlevez	(j'ai enlevé)
elle pèse	nous pesons	vous pesez	(j'ai pesé)

Du hast es sicher gleich gesehen: In den Formen, die nicht auf der Endung betont werden, bekommt das *-e-* vor dem letzten Konsonanten einen Accent grave.

Typ 3: *répéter, préférer, espérer, posséder* u. a.

je répète	nous répétons	vous répétez	(j'ai répété)
tu préfères	nous préférons	vous préférez	(j'ai préféré)
ils espèrent	nous espérons	vous espérez	(j'ai espéré)

Worauf war hier schließlich zu achten? Bei den Verben, die vor dem letzten Konsonanten des Verbstamms ein *-é-* haben, wird in den Formen, die nicht auf der Endung betont werden, der Accent umgedreht: ***é* → *è***.

Und nun die letzte Besonderheit (versprochen!)

Typ 4: *essuyer, payer* u. a.

j' essuie	nous essuyons	vous essuyez	(j'ai essuyé)
je paie/paye	nous payons	vous payez	(j'ai payé)

Und hier? Die Verben auf *-yer* haben das *-y-* nur in den Formen, die auf der Endung betont werden. Die anderen Formen haben ein *-i-*.
Zum Glück gibt es nur wenige solcher Verben, z. B. *essuyer* (abwischen), *ennuyer* (langweilen, nerven), *nettoyer* (reinigen).
Bei den Verben auf *-ayer*, zu denen z. B. die sehr häufigen Verben *payer* und *essayer* gehören, ist beides möglich: Hier kann das *-y-* erhalten bleiben oder durch *-i-* ersetzt werden.

Regel 6

Bei einigen Verben auf *-er* gibt es zwei unterschiedliche Schreibweisen, je nachdem ob die Form auf der Endung („hinten") oder auf dem Stamm („weiter vorne") betont wird. Zu den wichtigsten gehören:

1. appeler, jeter:	j'appelle	nous appelons
2. acheter, (en)lever, peser:	j'achète	nous achetons
3. répéter, préférer, espérer:	je répète	nous répétons
4. payer, essayer:	je paye/paie	nous payons

Übung A5

Dazu rasch eine Übung:
Setze die folgenden Sätze jeweils in den Singular bzw. Plural.

1. Je mange des frites. – Nous mangeons des frites.
2. J'appelle le garçon. – Nous ……
3. Vous enlevez ça enfin? – Tu ……
4. Vous m'ennuyez beaucoup. – Tu ……
5. Je commence à discuter. – Nous ……
6. Vous répétez ça? – Tu ……
7. Je répète ma question. – Nous ……
8. Nous achetons du vin blanc. – J' ……
9. Le garçon essuie la table. – Les garçons …… les tables.
10. Je change de restaurant. – Nous ……

4. Die unregelmäßigen Verben

A

Wo viel Licht ist, ist starker Schatten, sagte Götz von Berlichingen (der mit dem berühmten Zitat) – und wo es regelmäßige Verben gibt, finden sich zwangsläufig auch unregelmäßige. Leider werden viele von ihnen besonders häufig gebraucht – das ist kein Wunder. Weil sie so häufig verwendet werden, haben sie eben ihre unregelmäßigen Formen behalten, sind nicht „uniformiert" worden.

Diese Verben musst du halt einfach lernen – da hilft die schönste Geschichte und die beste Lernhilfe nichts.

Aber lass uns trotzdem mit einer kleinen Bildergeschichte beginnen. Es geht hier darum, dass ein Vater (43) in der Zeitung gelesen hat, der geistige und körperliche Niedergang beginne schon mit 40 bis 45 Jahren. Erschreckt ruft er seinen Sohn herbei, um zu testen, ob dieser ihm tatsächlich schon überlegen ist.

Papa ist glücklich – er hat's dem Jungen noch einmal gezeigt, wer der Stärkere und der Klügere ist.

In dem Dialog hast du schon eine Reihe unregelmäßiger Verben gefunden:

viens	– komm!	ça va	– es geht
tu vois	– du siehst	je comprends	– ich verstehe
je lis	– ich lese	il veut	– er will
tu sais	– du weißt; du kannst	je suis	– ich bin
faire	– machen		

Es kann bei einem Verb an den verschiedensten Stellen Unregelmäßigkeiten geben: in den Präsensformen, in den verschiedenen Zeiten, im Participe passé. Wir beschäftigen uns hier nur mit den **unregelmäßigen Präsensformen** und dem **Participe passé**.

4.1 *être, avoir, aller*

Fangen wir mit den drei Verben *aller, avoir, être* an, die zwar leider sehr unregelmäßig, aber eben auch sehr wichtig sind, weil man mit ihrer Hilfe auch andere Zeiten bilden kann, z. B. das Passé composé (s. S. 86ff.) mit *avoir* oder *être* und das Futur composé (s. S. 66ff.) mit *aller*.
Diese Verben haben gemeinsam, dass sie „vorne und hinten nicht stimmen“ – sie haben sowohl im Stamm als auch in den Endungen Unregelmäßigkeiten:

Tabelle 6

être	
je	suis
tu	es
il	est
nous	sommes
vous	êtes
ils	sont
j'ai été	

avoir	
j'	ai
tu	as
il	a
nous	avons
vous	avez
ils	ont
j'ai eu	

aller	
je	vais
tu	vas
il	va
nous	allons
vous	allez
ils	vont
je suis allé(e)	

Diese drei Verben sind so wichtig, dass du sie noch im Schlaf beherrschen musst! Verzichte lieber auf anderes als auf diese drei!

Erfahrungsgemäß werden – aus welchen Gründen auch immer – einige Formen von *être* und *avoir* oft verwechselt.

TIPP

Merke dir deshalb als Eselsbrücke:
– *avoir* hat (meist) ein *a*, das wir im Deutschen auch in „haben“ haben:

hast	– as	haben	– avons
hat	– a	habt	– avez

– *être* und „sein“ haben zwei ganz ähnliche Formen:

ist	– est	sind	– sont

Nach der Theorie nun gleich wieder Praxis – wir üben die Verben *être*, *avoir* und *aller*.

Où est-ce qu'ils vont?

Übung A6

Wohin gehen oder fahren sie …?

à la plage[1] – à l'usine[2] – à la gare[3] – en Italie – à l'église[4] – à la montagne[5]

Das ergibt also folgende Sätze:

1. Je .... en Italie.
2. Jean .... à la gare.
3. ....
4. ....?
5. ....
6. ....?

1 *la plage:* Strand • 2 *l'usine* (f.): Fabrik • 3 *la gare:* Bahnhof • 4 *l'église* (f.): Kirche • 5 *à la montagne:* in die Berge

Die gleiche Übung kannst du jetzt mit dem Verb *être* machen; also nicht mehr „Ich fahre nach Italien", sondern „Ich bin in Italien".

Übung A7

Das ergibt dann folgende Sätze:

1. Je .... en Italie.
2. Jean .... à la gare.
3. ....
4. ....?
5. ....
6. ....?

Übung A8

In das folgende Schema A oder B sollst du die Formen von *être* oder *avoir* eintragen. Pro Schema nur die Formen eines Verbs!

A.

B.

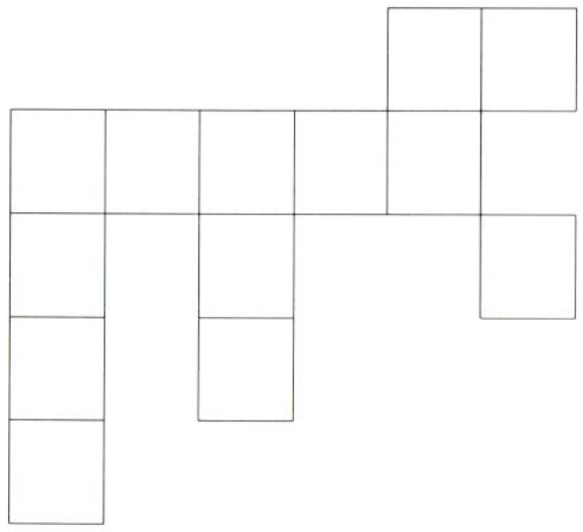

Übung A9

Welche Form von *être*?

Lettre à une amie

Chère Christiane,

voilà une photo de ma famille: 1. je ....suis.... avec mon père et ma mère. 2. Nous .... dans notre jardin. 3. Regarde bien: c' .... une photo des dernières vacances – 4. alors toi, tu .... sur cette photo, avec Klaus. 5. Vous .... devant le grand arbre. 6. Et à droite, c' .... notre chien Ricou. Il t'aime toujours … 7. Est-ce que vous .... toujours contents de votre maison? 8. Papa dit que les maisons .... moins chères en France que chez nous. 9. .... -ce vrai? 10. Moi, je .... assez contente – 11. la maison n' .... pas grande, 12. mais nous .... souvent dans notre petit jardin.

Réponds-moi vite!

Amitiés

Nicole

Übung A10

Welche Form von *avoir*?

Les Dupont préparent le pique-pique

1. – Sylvie, tu ......as...... la limonade?

2. – Non, mais j' .... l'eau minérale. Qui .... donc la limonade?

3. – Maman, tu l' ...., toi?

4. – Mais non, vous .... toutes les bouteilles!

5. – Nous, nous .... l'eau minérale, c'est tout.

   Et papa – il .... la bière?

6. – Ah, bien sûr, il n'y .... pas de problème:

   j' .... la bière et le pain.

7. Voilà – les Dupont .... tout.

8. Et toi? Tu n' .... pas de fautes?

Übung A11

Bleiben wir beim Picknick. Pablo, Marc, Sabine, Betty, Nicolas und Ariane reden auch über die Vorbereitungen zu einem Picknick. Versuch mal, dieses Gespräch aufzuschreiben.

 = *est-ce que* einsetzen! Jeder Satz enthält eine Form von *avoir*!

1. Pablo: Marc,   et 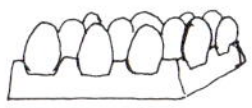 ?

   Marc, est-ce que tu as la glace et les œufs?

2. Marc: Ah oui,  + , mais  .

3. Sabine: Mais alors, qui 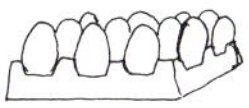 +  ?

4. Nicolas, Betty + Ariane:  !

5. Betty et Ariane: Oui, et aussi  .

6.  vous  ?

7. Pablo: Moi,  . Alors, nous … tout, je pense.

Nun noch eine Übung zu den beiden Formen, die sich am leichtesten verwechseln lassen – *ils **ont*** oder *ils **sont***???
Ist doch gar kein Problem, wenn du an den Tipp von S. 20 denkst:

Vgl. sie **s**ind – ils **s**ont

Übung A12

Ont oder *sont*?

1. Alice et Christiane ....sont.... malades.
2. Elles .... la grippe.
3. Elles .... au lit.
4. Elles .... de la fièvre
5. et elles .... chaud, très chaud!
6. Elles .... des billets pour
   le concert de samedi, mais ça ne va pas – mince!
7. Alors, elles .... très tristes:
8. leurs amis .... au concert,
9. et elles .... au lit –
10. elles n' .... pas de chance!

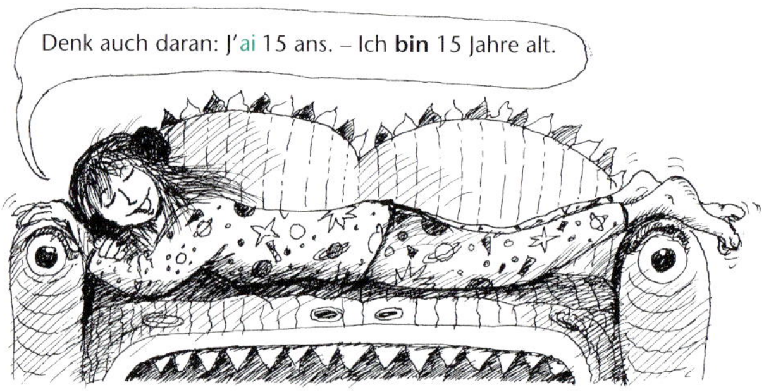

4.2 *dire, faire, pouvoir, vouloir*

Kommen wir jetzt zu einer zweiten Gruppe von Verben, die auch „vorne" und „hinten" oder nur „hinten" unregelmäßig sind:

Tabelle 7

dire	
je	dis
tu	dis
il	dit*
nous	disons
vous	dites
ils	disent
j'ai dit	

faire	
je	fais
tu	fais
il	fait
nous	faisons
vous	faites
ils	font
j'ai fait	

pouvoir	
je	peux
tu	peux
il	peut
nous	pouvons
vous	pouvez
ils	peuvent
j'ai pu	

vouloir	
je	veux
tu	veux
il	veut
nous	voulons
vous	voulez
ils	veulent
j'ai voulu	

* *Übrigens, die Form* on dit *kann man auch schon mal im Deutschen hören: Es gibt bei uns das Fremdwort „ein Ondit" – das heißt so viel wie „ein Gerücht".*

Machen wir jetzt noch eine Übung zu *dire* und *faire*? Wahrscheinlich kannst du die Formen ja schon längst, aber diese Verben sind so häufig, dass man sie gar nicht oft genug üben kann! (Und *avoir* üben wir gleich nochmals mit …)

Übung A13

Un bouquiniste? Où?

1. – Mais regarde, tu (avoir) ....as.... un bouquiniste[1] là-bas!
2. – Ah oui, nous (avoir) .... de la chance. On y va?[2]
3. – Bien sûr. Les bouquinistes (avoir) .... beaucoup de choses intéressantes, et quelquefois, tu (faire) .... une bonne affaire[3]!
4. – Bonjour, monsieur, vous (avoir) .... des livres et des cartes postales, s'il vous plaît?
5. – Mais bien sûr, mademoiselle, j'(avoir) .... tout. Je (dire) .... souvent aux touristes: 6. «Anatol Profitendieu (avoir) .... des surprises pour vous. Vous (faire) .... une bonne affaire!»
7. – Vous (dire) ....? Qu'est-ce que je (faire) ....?
8. – Je (dire) .... – ah, je vois, vous êtes allemande. Ça alors!
9. – Qu'est-ce que tu (dire) .... de ce bouquiniste?
10. – Les gens (dire) .... souvent que les bouquinistes, ce sont des philosophes, mais moi, je (dire) ....: ils (faire) .... leurs affaires comme tout le monde.

1 *le bouquiniste:* Inhaber eines Stands mit antiquarischen Büchern • 2 *On y va?:* Gehen wir hin? • 3 *une bonne affaire:* ein gutes Geschäft

Das waren schon alle Verben mit unregelmäßigen Endungen!

Fassen wir jetzt einmal zusammen (vgl. auch Tabelle 6 und 7):

Regel 7

Auch die unregelmäßigen Verben haben meist regelmäßige Endungen, **außer:**

je	**peux, veux**	(pouvoir, vouloir)
tu	**peux, veux**	
il/elle	**a, va**	(avoir, aller)
nous	**sommes**	(être)
vous	**êtes, dites, faites**	(être, dire, faire)
ils/elles	**sont, ont, font, vont**	(être, avoir, faire, aller)

4.3 Die übrigen wichtigen unregelmäßigen Verben

Die gute Nachricht zuerst: Alle anderen unregelmäßigen Verben haben das bekannte Endungs-Schema: *-s, -s, -t/-d, -ons, -ez, -ent.* Unregelmäßig sind also zumeist nicht die Endungen, sondern andere Wortteile – aber keine Angst: Auch da handelt es sich höchstens um drei verschiedene Formen.

TIPP

Als Faustregel kannst du dir dabei merken:
- Die 1. bis 3. Person Singular sind „vorne" meistens gleich;
- die 1. und 2. Person Plural ebenfalls. Sie stimmen meist auch mit dem Infinitiv überein, z. B.: p**ou**voir – nous p**ou**vons, vous p**ou**vez.
- Die 3. Person Plural hat meist den Hauptvokal der Singularformen, z. B.: je v**eu**x, tu v**eu**x, il v**eu**t – ils v**eu**lent.

Übung A14

Dazu machen wir jetzt eine ganz leichte Übung: Ergänze die angegebene Form der folgenden Verben (die dir zum Teil wahrscheinlich völlig unbekannt sind, was aber überhaupt nichts ausmacht ...).

Beispiel: je crains (ich fürchte) – il craint

1. nous craignons – vous ....
2. tu crois (glaubst) – je ....
3. elle reçoit (bekommt) – tu ....
4. nous vivons (leben) – vous ....
5. je joins (verbinde) – il ....
6. je bats (schlage) – tu ....
7. vous courez (lauft) – nous ....
8. il détruit (zerstört) – je ....

Im Folgenden findest du jetzt Tabellen mit den Formen der übrigen wichtigen unregelmäßigen Verben. Die Formen dieser Verben musst du nun einfach lernen – da ist uns auch nichts anderes mehr eingefallen …
Fangen wir mit den am wenigsten unregelmäßigen an:

Tabelle 8

ouvrir (öffnen)		ebenso: **offrir** (anbieten), **couvrir** (bedecken)
j' tu il nous vous ils	ouvre ouvres ouvre ouvrons ouvrez ouvrent	Im Prinzip weichen hier nur der Infinitiv und das Passé composé ab! Denn sonst werden die Formen wie bei den Verben auf *-er* gebildet!
j'ai ouvert		j'ai offert, j'ai couvert

lire (lesen)	
je	lis
tu	lis
il	lit
nous	lisons
vous	lisez
ils	lisent
j'ai lu	

mettre (setzen, legen)	
je	mets
tu	mets
il	met
nous	mettons
vous	mettez
ils	mettent
j'ai mis	

voir (sehen)	
je	vois
tu	vois
il	voit
nous	voyons
vous	voyez
ils	voient
j'ai vu	

Jetzt wird's ein bisschen unregelmäßiger – aber das kann dich ja nicht mehr erschrecken …

Tabelle 9

écrire (schreiben)	
j'	écris
tu	écris
il	écrit
nous	écrivons
vous	écrivez
ils	écrivent
j'ai écrit	

prendre (nehmen)		ebenso: **apprendre** (lernen) **comprendre** (verstehen)
je tu il nous vous ils	prends prends prend prenons prenez prennent	Die Zusammensetzungen von *prendre* funktionieren genauso. Achtung!!! *-nn-* nur in der 3. Person Plural!
j'ai pris		j'ai appris, j'ai compris

So, und zuletzt noch die Verben, die den Vokal wechseln:

Tabelle 10

boire (trinken)	
je	bois
tu	bois
il	boit
nous	buvons
vous	buvez
ils	boivent
j'ai bu	

devoir (müssen, sollen, schulden)	
je	dois
tu	dois
il	doit
nous	devons
vous	devez
ils	doivent
j'ai dû	

savoir (wissen, können)	
je	sais
tu	sais
il	sait
nous	savons
vous	savez
il	savent
j'ai su	

venir (kommen)		ebenso: **devenir** (werden) **revenir** (zurückkommen)
je	viens	Die Zusammensetzungen von *venir* funktionieren genauso.
tu	viens	
il	vient	
nous	venons	
vous	venez	
ils	viennent	
je suis venu(e)		je suis devenu(e)

Wollen wir gleich mal versuchen, ob's klappt?

Übung A15

Le grand voyage

1. Claire et Alain (faire) ....font.... les sacs pour un voyage:[1] 2. ils (partir) .... pour le Festival des Jeunes, à Athènes. 3. C'est un voyage très cher: c'est loin, mais ils (pouvoir) .... faire de l'auto-stop.[2] 4. «De l'auto-stop?» (dire) .... la mère de Claire, «mais écoutez, vous ne (faire) .... pas ça! C'est dangereux!» 5. Mais les jeunes n'écoutent pas, ils (vouloir) .... faire ce voyage, et ils n' (avoir) .... pas assez d'argent[3] pour le train. 6. Pour gagner un peu d'argent, les deux jeunes (prendre) .... leurs instruments de musique.

7. Le soir, ils (aller) .... faire de la musique dans la rue. 8. Ils (savoir) .... aussi l'anglais et l'allemand, alors, ça (aller) ....

1 *le voyage:* Reise • 2 *faire de l'auto-stop:* per Anhalter fahren • 3 *l'argent* (m.): Geld (zu *assez de* vgl. S. 143)

Übung A16

Wie ist es den beiden wohl ergangen? Sehen wir weiter. Im folgenden Text erscheinen regelmäßige und unregelmäßige Verben durcheinander, aber für dich ist ja inzwischen alles regelmäßig …

1. Les deux jeunes (aller) ....vont.... en auto-stop jusqu'à Rome où ils (retrouver) .... deux amis italiens, Pietro et Gina. 2. Avec eux, le voyage (aller) .... être plus facile, parce que Gina (apprendre) .... le grec[1]. 3. Comme ça, ils (pouvoir) .... discuter avec les gens.

4. Le 2 avril, ils (arriver) .... à Athènes. 5. Mince – le passeport[2] de Gisèle! Elle l'a oublié.[3] Elle ne (savoir) .... pas le dire en grec, le policier ne (comprendre) .... pas le français, 6. mais Gina (pouvoir) .... expliquer. 7. «Ah!, (dire) .... le policier, je (comprendre) ....: 8. vous (avoir) .... laissé votre passeport sur le bateau. 9. Vous ne (pouvoir) .... pas entrer en Grèce sans passeport. 10. A quelle heure est-ce que le bateau (repartir) ....?» 11. «Dans une heure», (répondre) .... Claire. 12. «Alors, si vous (faire) .... vite, mademoiselle, vous (pouvoir) .... le récupérer.[4]» Une heure après, Claire a son passeport, et elle est très contente.

1 *le grec:* griechisch • 2 *le passeport:* Reisepass • 3 *Elle l'a oublié:* Sie hat ihn vergessen (Passé composé, s. S. 86ff.) • 4 *récupérer:* wieder beschaffen

Übung A17

Le journal de Claire

Claire hat ein Tagebuch über ihre Reise geschrieben. Hier sind ein paar Auszüge. Die Verben, die einzusetzen sind, stehen in der richtigen Reihenfolge da, aber Achtung: Einige Verben kommen mehrmals vor!

Verben zum Einsetzen:

attendre, avoir, partir, être, entrer, aller, commencer, comprendre, trouver, rencontrer, acheter, prendre

Samedi: Nous *attendons* depuis 2 heures, il n' y a pas de voitures!
J' .... un peu froid et j' .... très faim!

Dimanche matin:
On .... de Lyon à 9 h. Nous .... encore loin de Rome!

Lundi: A 10 h., nous .... en Italie, nous .... fait[1] 200 km! Ça .... vite! Les Italiens .... gentils, mais les problèmes com ....!

Je ne .... pas l'italien et nous ne .... pas la maison de Pietro: Alain n'a pas pris[2] son adresse. Mais le soir, nous .... Pietro sur la piazza. Nous .... très contents! Maintenant, tout .... bien.

Mardi: J' .... un petit souvenir pour mes parents. Puis, nous .... le train jusqu'à Brindisi. Le bateau .... ce soir à 22 h pour la Grèce[3].

1 Achtung! Passé composé (wir haben gemacht) (s. S. 86ff.) • 2 Passé composé von *prendre* (s. S. 90) • 3 *la Grèce:* Griechenland

Au pays des Knirches

Übung A18

Von Griechenland geht es jetzt in eine merkwürdige Welt: das Land der „Knirsche" – kleine Wesen, die immer wieder statt eines „richtigen" Verbs eine Form von *„knircher"* benutzen. (Die Tiere in diesem Land sprechen übrigens auch so ...)

Ersetze das Verb *„knircher"* durch die entsprechende Form des angegebenen Verbs.

(aller) (aller, chanter[5])

(inspirer[6])

(sentir)

(apporter)

(voir)

(lever[8])

(faire, boire)

1 *la montagne:* Berg; *à la montagne:* in den/die Berge(n) • 2 *l'air pur:* die reine Luft • 3 *le vent:* Wind • 4 *la solitude:* Einsamkeit • 5 *chanter:* hier: besingen • 6 *inspirer:* inspirieren, beflügeln • 7 *l'odeur* (m.): Duft • 8 *lever:* erheben, hier: zum Klopfen bringen • 9 *clair, e:* klar, hell

Übung A19

Und nun gleich weiter in der „Knirschologie“:

(aller)

(pouvoir) (monter, prendre)

(trouver)

(voir, se reposer[3])

(aller, arriver)

(faire, pouvoir)

(vouloir)

1 *sans rien faire:* ohne etwas zu tun • 2 *en même temps:* zugleich • 3 *se reposer:* sich ausruhen (reflexives Verb, s. S. 36ff.) • 4 *essayer:* versuchen (s. S. 18) • 5 *voler:* fliegen • 6 *emmener:* mitnehmen • 7 *un bout:* ein Stück

5. Der Imperativ (I)

A

Der liebende Vater musste offensichtlich energisch werden – der Sprössling will anscheinend gar nicht arbeiten (wer will das schon!?). Wie die meisten Menschen ist er wahrscheinlich sauer über die vielen **Befehle** – aber im Grunde ist das Befehlen durchaus etwas Alltägliches. Freilich geschieht das außer beim Militär meist in viel angenehmerer Form – als Wunsch, Bitte, Aufforderung, Auftrag, Rat etc.:

Ecoute, s'il te plaît.
Apportez-moi le verre, s.v.p.*
Viens enfin.
Ne buvez pas trop!

* *Abk. für* s'il vous plaît

Um das auszudrücken, verwendet man eine ganz bestimmte Verbform, die **Befehlsform** des Verbs oder, wie man in der Fachsprache sagt, den **Imperativ** (*l'impératif*, m.).

Schon wieder 'ne neue Form, stöhnst du jetzt wohl (wenn du's nicht schon längst kennst …) – keine Angst, es ist ganz einfach:

Was hat der Vater von seinem Sohn verlangt?

Travaille enfin.
Fais tes devoirs.
Prends tes livres!
Ne dors pas.
Apprends ta leçon.

Merkst du was? Die Formen kommen dir doch sicher alle bekannt vor (wenn nicht, schau dir ganz rasch die Tabellen 3 und 4 an …) – na?

Regel 8

Als **Befehlsform** (Imperativ) dient die **1. Person Singular**, wenn der Befehl/die Aufforderung an eine Person gerichtet ist (die man mit „du" anredet).

Dies gilt für alle Verben mit nur ganz wenigen Ausnahmen, zu denen wir gleich kommen. Aber zuvor sehen wir eine Reihe anderer Befehlsformen an, die du wahrscheinlich in jeder Französischstunde hörst:

1. Ouvrez les livres.	2. Fermez les livres.
3. Ne parlez pas.	4. Faites attention.
5. Lisez le texte.	6. Ecrivez les mots.
7. Répétez.	8. Répondez à la question.
9. Venez au tableau.	10. Prenez vos stylos.

Was kannst du hier feststellen?

Regel 9

Wenn der Befehl/Auftrag an mehrere Personen gerichtet ist oder an eine Person, die man mit „Sie" (= *vous*) anredet, so verwendet man als **Befehlsform** die **2. Person Plural**.

Dies gilt, wie gesagt, für fast alle Verben. Hier nun die **Ausnahmen**, von denen nur zwei wirklich häufig vorkommen:

Tabelle 11

Infinitiv	**Imperativ**		
	an eine Person	an mehrere Personen (oder Höflichkeitsform)	
être	sois	soyez	(wichtig!)
aller	va	allez	(wichtig!)
avoir	aie	ayez	(selten)
savoir	sache	sachez	(selten)
vouloir	veuille	veuillez	(selten)

(Anm.: *Veuille* ist extrem selten, *veuillez* dagegen findet man relativ häufig in Briefen, und zwar in der Schlussformel: *Veuillez agréer, Monsieur, l'expression de mes sentiments distingués.* Das heißt einfach „hochachtungsvoll" ...)

TIPP

Merke dir auch die sehr häufige Form *Vas-y!* – Los!

Für die folgende Übung nehmen wir uns nochmal die Anweisungen aus der Französischstunde vor. Wie würde der Lehrer/die Lehrerin sagen, wenn nur ein(e) Schüler(in) angesprochen würde?

Übung A20

1. Ouvre ton livre. 2. ....
3. .... 4. ....
5. .... 6. ....
7. .... 8. ....
9. .... 10. ....

Habt ihr in der Schule mal die französische Nationalhymne kennen gelernt? Sie fängt so an:

«**Allons**, enfants de la patrie …»
„Auf, Kinder des Vaterlandes …"

Dieses *«allons»* heißt eigentlich: „Gehen wir! Lasst uns gehen!" Das ist auch eine Befehlsform. Wir können folgende Regel formulieren:

Regel 10

Für eine Aufforderung, die eine Gruppe an sich selbst richtet, verwendet man die 1. Person Plural – ohne Pronomen!

Das war doch alles gar nicht schwer, oder? Wir fassen zusammen:

Tabelle 12

Befehl/Aufforderung an eine Person (du):	1. Pers. Singular: *parle*
Befehl/Aufforderung an eine Person (Sie): Befehl/Aufforderung an mehrere (ihr, Sie)	2. Pers. Plural: *parlez*
Aufforderung von mehreren an sich selber („lasst uns …"):	1. Pers. Plural: *parlons*
Dabei steht der Imperativ immer ohne Personalpronomen!!!	

Soweit alles klar?
Bravo! Dann warst du wirklich sehr fleißig und hast dir eine schöne lange Pause verdient!

A

6. Die reflexiven Verben

Freizeitprobleme …

1 Sie haben Glück, Monsieur: Das Fernsehprogramm gestern Abend hat mir nicht gefallen, also habe ich meine Hausaufgaben gemacht. So können Sie sich amüsieren. • 2 Ach Mutti, du arbeitest ja den ganzen Tag, aber wir, wir haben Freizeit. Das ist ein Problem – und darum amüsieren wir uns ein bisschen …

Also, wir wollen es gleich zugeben: Ganz ohne Hintergedanken haben wir diese beiden Zeichnungen natürlich nicht eingefügt – das wirst du wahrscheinlich schon an der Verbform *nous nous amusons* gemerkt haben …

Zweimal *nous*? Was soll das denn? Weißt du's noch?

Wahrscheinlich hast du dich gleich erinnert: Hier handelt es sich um das reflexive Verb *s'amuser*. An dem Verb *se laver* (sich waschen) zeigen wir dir erst einmal die Formen:

Tabelle 13

je	**me**	lave
tu	**te**	laves
il	**se**	lave
nous	**nous**	lavons
vous	**vous**	lavez
ils	**se**	lavent

Wie du an der Tabelle sofort gesehen hast, geht es hier überhaupt nicht um neue Verbformen – nur vor dem Verb ändert sich etwas: Das Reflexivpronomen wird eingefügt.

Was heißt „Reflexivpronomen"? Auf Deutsch würden wir sagen: „rückbezügliches Fürwort". Um das besser zu verstehen, sieh dir noch einmal das Beispiel an:

je me lave   **ich** wasche mich

Du siehst, das *me* bezieht sich auf *je* zurück, es bezeichnet die gleiche Person.

Das Reflexivpronomen steht unmittelbar vor dem Verb. Es klebt sogar direkt daran, wenn das Verb mit einem Vokal beginnt (z. B. *amuser*). So wird aus:

me → m'   je **m'**amuse
te → t'   tu **t'**arrêtes
se → s'   il **s'**appelle

Übung A 21

Machen wir eine kleine Übung dazu:
Setze die richtige Form des unter der Lücke angegebenen reflexiven Verbs ein.

Ma matinée

1. Il est sept heures du matin. Bang! – mon frère a fermé[1] la porte de la salle de bains et je ....me réveille..... Mince! Aller à l'école!
   (se réveiller – aufwachen)
2. Je n'ai pas envie! C'est embêtant[2] – nous ....
   (s'ennuyer – sich langweilen; s. S. 18)
   toujours à l'école. Enfin, le sport – ça va, et les maths aussi, mais le reste …
3. Eh bien! – 7 heures 10! Pas de chance – au travail!
   Je .... à la salle de bains. Fermée! Mon frère,
   (se rendre – sich begeben, gehen)
   bien sûr! Mais qu'est-ce qu'il peut faire dans une salle de bains pendant onze (!) minutes?
4. Il ...., d'accord, et une fois par semaine,
   (se laver – sich waschen)
5. il .... – c'est normal, mais toutes ces histoires avec
   (se raser – sich rasieren)
   ses cheveux – ridicule![3]
6. Moi aussi, je .... ou je me douche, mais lui!
   (se laver)
7. Et puis, les cheveux – Jacqueline et moi, on ....,
   (se peigner – sich kämmen)
   mais à l'école, bien sûr, au cours d'allemand …

8. Enfin, il ouvre la porte, j'entre, je prends ma douche, je ....

.... les dents[4],
(se laver – hier: sich putzen)

9. puis je ....: chemisier bleu, slip, jean, chaussettes,
(s' habiller – sich anziehen)

chaussures – fini! Je vais à la cuisine.

10. Voilà déjà Papa – il ...., parce que l'autobus
(se dépêcher – sich beeilen)

part dans trois minutes – chez nous, c'est Maman qui prend la voiture.

11. Moi, je .... à table.
(se mettre à table – sich zu Tisch setzen)

12. Il est 7 heures 30. Je descends dans la rue – l'autobus ....

.... juste devant notre maison. Voilà l'autobus – et voilà
(s'arrêter – halten)

Naomi et Roland, en retard[5], comme toujours.

13. Ils ...., mais trop tard: le bus est parti!
(se dépêcher)

14. A l'école, c'est le cours d'allemand – on ....
(s'ennuyer)

beaucoup – la prof[6], Mme Kellner, est horrible!

15. Au cours de musique, tout le monde ....
(s'amuser à faire qc. – sich damit vergnügen, etwas zu tun)

à chanter une chanson idiote.

16. Et après, Yves et moi, on .... des petites
(s'écrire – sich schreiben)

lettres d'amour.

17. Une fois, la prof a vu ça et a demandé devant tous les autres: «Eh bien!

C'est comme ça que vous travaillez? Vous ....
(s'écrire)

des lettres! Vous .... donc beaucoup? Alors,
(s'aimer – sich lieben)

vous allez .... demain?»
(se marier – heiraten)

Quelle idiote!

18. Les autres ...., bien sûr, mais Yves et moi, on
(s'amuser)

fait semblant[7] de ne pas entendre, et après le cours, pendant la récré,

nous .... …
(s'embrasser – sich küssen)

1 *il a fermé:* er hat zugemacht (Passé composé, s. S. 86ff.) • 2 *embêtant:* öde, langweilig • 3 *ridicule:* lächerlich • 4 *les dents* (f.): Zähne • 5 *en retard:* zu spät • 6 Es heißt immer *le professeur,* auch wenn es sich um eine Frau handelt. Nur in der Kurzform hört man immer öfter *la prof* • 7 *faire semblant de faire qc.:* so tun, als ob

7. Der Imperativ (II): mit Pronomen

A

Das war's schon fast – nur ein Kapitel müssen wir noch besprechen, das sich sowohl auf den Imperativ als auch auf die reflexiven Verben bezieht – den Imperativ der reflexiven Verben und der anderen Verben mit einem Pronomen.

Fangen wir diesmal mit einer Übung an: Es geht dabei um ein Mädchen, dem ständig etwas befohlen oder verboten wird. (Kommt dir das bekannt vor?) Véronique hat die Nase voll von der ewigen Nörgelei der „Großen". Was muss sie sich den ganzen Tag anhören?

Setze die fehlenden Imperativ-Formen ein. (Pro Strich ein Wort! Manchmal gibt es mehr als nur eine Möglichkeit.)

Übung A22

Verben zum Einsetzen:

parler	(se) laver (sich waschen)
fumer (rauchen)	couper (schneiden)
peigner (kämmen)	arranger (richten, frisieren)
cracher (spucken)	lancer (werfen)
montrer (zeigen)	aller
embêter qn. (jdm. auf die Nerven gehen)	manger

1

«Ne joue pas
avec le feu.»

2

«Ne ....»

3

«........................ tes
cheveux.»

4

«Ne ....

dans le verre.»

5

«..

tes oreilles.»

6

«Ne ....

le ballon.»

7

«..

ta soupe.»

8

«Ne m' ....

pas!»

9

«Ne ....

.... avec le doigt.»

10

«Ne ....

la bouche pleine.»

11

«Ne .... au cinéma.»

Vielleicht hast du bemerkt, dass wir in Satz 8 das Objektpronomen (den Objektvertreter) schon eingesetzt haben:

Ne **m'** embête pas. (Nerv mich nicht!/Geh mir nicht auf die Nerven.)

Fällt dir an der Stellung des Objektpronomens etwas auf? Nein? – Gut – es hätte dir eigentlich auch gar nichts auffallen dürfen, denn das Folgende ist wirklich ganz einfach:

Regel 11

Beim verneinten Imperativ steht das **Objektpronomen** genau wie im Aussagesatz **unmittelbar vor dem Verb** (also vor dem Imperativ). Diese Regel gilt auch für die reflexiven Verben.

Es sollte dir also keine Mühe machen, den schönen alten deutschen Schlagertext „Schau mich bitte nicht so an …!“ zu übersetzen – es heißt natürlich

Ne me regarde pas comme ça, s.t.p.*

* *Abk. für* s'il te plaît

Und bei den reflexiven Verben sieht's nicht anders aus:

Ne te lave pas toujours dans la cuisine. (Wasch dich nicht immer in der Küche!)
Ne te fais pas de soucis. (Mach dir keine Sorgen!)
Ne vous énervez pas. (Regen Sie sich nicht auf!)
Ne vous achetez pas de glace, mais … (Kauft euch kein Eis, sondern …)

Die Franzosen machen übrigens, wie du sicher weißt, keinen Unterschied zwischen „mir“ und „mich“ bzw. „dir“ und „dich“ – es heißt also beide Male *me* bzw. *te*.

Ein bisschen schwieriger wird es für uns nur in der 3. Person – da müssen wir wie im Deutschen zwischen direktem und indirektem Objekt unterscheiden. Wenn du dir nicht mehr ganz sicher bist, was es damit auf sich hat, so wirf rasch einen Blick in die Erklärungen der grammatischen Begriffe ab S. 153. Und dann geht es zur nächsten Übung!

Übung A 23

Antworte auf die Sätze mit einem verneinten Befehlssatz und verwende dabei ein Objektpronomen.

Yannik hat kein Glück – alles, was er tun will, wird ihm verboten …

1. Maman, je peux manger le gâteau? – Mais non, ne le mange pas .... maintenant.
2. Je peux boire la bière de papa? – Mais tu es fou, ...
3. Je veux prêter mon vélo à Sabine. – Non, ... ton vélo, elle est trop petite.
4. Didier et moi, on veut accompagner Charlie et Tom au stade. – Non, ..., ce sont des hooligans!
5. Je peux donner la cassette vidéo à Chantal? – Non, ... cette cassette, ce n'est pas pour les filles!
6. Je veux me baigner! – Non, ... après le repas!

Maman, je peux … – Mais enfin, **laisse-moi** tranquille!

Was hat die genervte Mutter gerufen?

Laisse-moi tranquille. (Lass mich in Ruhe!)

Hier haben wir nun doch etwas Neues – den **bejahten Imperativ mit Objektpronomen**.

Ein paar Beispiele:

Donne-lui ton stylo. (Gib ihm deinen Füller!)
Montrez-leur le chemin. (Zeigt ihnen den Weg!)
Regarde-la. (Schau sie an!)
Prends-les. (Nimm sie!)
Donnez-nous une chance. (Geben Sie uns eine Chance!)
Servez-vous. (Bedient euch!/Bedienen Sie sich!)
Lavez-vous les mains. (Wascht euch die Hände!)
Embrasse-moi. (Küss mich!)
Habille-toi enfin! (Zieh dich endlich an!)

1 *fiche-moi la paix:* lass mich in Frieden

Was hast du festgestellt? In allen Fällen stand das Pronomen hinter dem Verb – und damit sind wir bei der letzten Regel in unserem Kapitel:

Regel 12

Beim **bejahten Imperativ** steht das Objektpronomen immer hinter dem Imperativ und wird mit ihm durch einen Bindestrich verbunden. Das Pronomen für die 1. Person Singular heißt dabei *moi*, für die 2. Person Singular *toi*. Dies gilt für direkte und indirekte Objekte.

Zum besseren Überblick stellen wir dir hier noch einmal die verschiedenen Pronomen zusammen:

mir, mich	→ moi
dir, dich	→ toi
ihm, ihr	→ lui
ihn	→ le
sie (Sing.)	→ la
uns	→ nous
euch/Sie … sich	→ vous
sie (Plural)	→ les
ihnen	→ leur

Du weißt aber sicher, dass es einige Verben gibt, die im Deutschen ein indirektes Objekt haben, im Französischen aber ein direktes (oder umgekehrt), z. B.:
Demande-lui. – Frag ihn/sie!

Außer in der 1. und 2. Person Singular im bejahten Satz (*moi, toi* statt *me, te*) werden beim Imperativ die gleichen Objektpronomen verwendet wie im Aussagesatz.

TIPP

Übung A24

Du findest hier eine Reihe von Schildern, die alle etwas verbieten. Setze diese Verbote in den Imperativ (Plural).

1.

2.

3.

4.

5.

6.

7.

8.

1 *stationner:* parken • 2 *la défense:* Verbot; *fumer:* rauchen • 3 *utiliser:* benutzen • 4 *déposer des ordures:* Müll abladen • 5 *s'appuyer:* sich aufstützen • 6 *se pencher au dehors:* sich hinauslehnen • 7 *interdiction* (f.): Verbot • 8 *prière de se dépêcher:* bitte beeilen

ABSCHLUSSÜBUNG

Übung A25

Est-ce que vous voulez être mon ami?

Setze die Verben in Klammern in die richtige Form.

1. On ne (savoir) .... pas d'où elle (venir) ...., qui (être) .... ses parents.
2. On (connaître) .... son nom: elle (s'appeler) .... Mimi.
3. Elle (avoir) .... peut-être dix ans ou onze, et quand on (regarder) ...., son visage,
4. on (voir) .... avant tout[1] ses grands yeux noirs et ses cheveux qui (changer) .... souvent de couleur
5. et qui (devenir[2]) .... presque[3] gris quand la nuit (venir) ....
6. Même les gens qui la (connaître) ....
7. (ne pas savoir) .... où elle (habiter) ....
8. Elle (apparaître[4]) .... tout à coup, devant l'église ou au centre commercial.
9. (ne pas s'étonner[5]; *Imperativ Pl.*) ....
10. quand vous la (rencontrer) .... dans la rue:
11. elle (pouvoir) .... aller vers vous et dire: «Est-ce que vous (vouloir) .... être mon ami? S'il vous plaît, (être; *Imperativ Pl.*) .... mon ami» …
12. Vous (tourner) .... la tête, vous (vouloir) .... lui parler – mais vous (ne plus la voir) ....
13. Ses amis l' (aimer) .... beaucoup,
14. et ils (ne jamais se moquer[6]) .... jamais d'elle.

15. Mais Mimi (ne pas parler) .... à tout le monde:

16. elle (choisir) .... bien ses amis.

17. La vieille dame à l'épicerie l' (appeler) .... souvent, elle lui (donner) .... souvent quelque chose à manger,

18. et alors, Mimi (travailler) .... pour elle.

19. «Mimi, (dire) .... -elle, Mme Ducasse est malade;

20. (apporter; *Imperativ: bring ihr*) .... ces bouteilles et (se dépêcher; *Imperativ Sg.*) ....

21. (ne pas la laisser; *Imperativ Sg.*) .... attendre ...»

1 *avant tout:* vor allem • 2 *devenir:* werden (konjugiert wie *venir*) • 3 *presque:* beinahe, fast • 4 *apparaître:* (wie *connaître*) – auftauchen, erscheinen • 5 *s'étonner:* erstaunt sein • 6 *se moquer de qn.:* sich über jdn. lustig machen

Zusammenfassende Übersicht: Das Verb

1. Die Endungen im Präsens S. 9

→ Tabelle 1

Regelmäßige Endungen: 90 % aller **Verben enden auf *-er***; Endungen:

Singular:	je	parl**e**	–	tu	parl**es**	–	il/elle/on parl**e**
Plural:	nous	parl**ons**	–	vous	parl**ez**	–	ils/elles parl**ent**

→ Regel 1

Fast alle Verben haben im Plural die gleichen Endungen:

Plural: nous → **-ons** vous → **-ez** ils/elles → **-ent**

→ Tabelle 2

Ausnahmen bei *être, faire, dire, aller, avoir*

→ Tabelle 3

Singularendungen anderer als der Verben auf *-er*:

je	finis,	pars,	vois,	fais
tu	finis,	pars,	vois,	fais
il/elle	finit,	part,	voit,	fait

→ Regel 2–3

Ein ***-t*** oder ***-d*** am Ende gibt es <u>nur</u> in der **3. Person**, also in Verbindung mit *il, elle (ils, elles)*. Eine Verbform mit *je, tu* sowie *vous, nous* kann niemals auf *-t*/*-d* enden. Ein *-s* am Ende kann <u>nie</u> 3. Person sein! Es ist entweder **1. Person** – bei den Verben, deren Infinitiv nicht auf *-er* endet, wie *finir (je finis)* – oder **2. Person** *(tu)* – und zwar bei allen Verben.

2. Die regelmäßigen Verben S. 12

→ Tabelle 4

Verben auf *-er* (90 %!):	s. auch Tabelle 1
Verben auf *-dre*:	je vend**s**, tu vend**s**, il/elle/on ven**d**
	nous vend**ons**, vous vend**ez**, ils/elles vend**ent**
Verben auf *-ir* (Typ: *-iss-*):	je fini**s**, tu fini**s**, il/elle fini**t**
	nous fin**issons**, vous fin**issez**, ils/elles fin**issent**
Verben auf *-ir* (ohne Erweiterung):	je sor**s**, tu sor**s**, il/elle/on sor**t**
	nous sort**ons**, vous sort**ez**, ils/elles sort**ent**

→ Regel 4

Im Singular enden sie entweder auf *-e, -es, -e* oder auf *s, -s, -t (-d)*
Dies gilt für alle Verben außer *avoir, aller, pouvoir, vouloir.*

→ Tabelle 5

Zusammenfassung der Regeln zu den Verb-Endungen

3. Besonderheiten bei einigen Verben auf *-er* S. 16

→ Regel 5

Verben auf *-ger*: 1. Person Plural *(nous)*: Endung ***-geons*** (mang**e**ons)
Verben auf *-cer*: 1. Person Plural *(nous)*: Endung ***-çons*** (commen**ç**ons)

→ Regel 6

Bei einigen Verben auf *-er* gibt es zwei unterschiedliche Schreibweisen, je nachdem ob die Form auf der Endung („hinten") oder auf dem Stamm („weiter vorne") betont wird. Zu den wichtigsten gehören:

1. appeler, jeter:	j'appe**ll**e	nous appe**l**ons
2. acheter, (en)lever, peser:	j'ach**è**te	nous ach**e**tons
3. répéter, préférer, espérer:	je rép**è**te	nous rép**é**tons
4. payer, essayer:	je pa**y**e/pa**i**e	nous pa**y**ons

4. Die unregelmäßigen Verben S. 19

être, avoir, aller – dire, faire, pouvoir, vouloir → Tabelle 6–7

Auch die Endungen der meisten unregelmäßigen Verben sind regelmäßig, außer: *pouvoir / vouloir (je, tu* ***peux*** */* ***veux****), avoir / aller (il* ***a*** */ il* ***va*** *– ils* ***ont*** */ ils* ***vont****), être (nous* ***sommes****, vous* ***êtes****), faire (vous* ***faites****, ils* ***font****), dire (vous* ***dites****)* → Regel 7

ouvrir, offrir, lire, mettre, voir – écrire, prendre – boire, devoir, savoir, venir → Tabelle 8–10

5. Der Imperativ (I) S. 33

Als **Befehlsform** dient die 1. Person Singular, wenn der Befehl/die Aufforderung an eine Person gerichtet ist (die man mit „du" anredet). → Regel 8

Wenn der Befehl/Auftrag an mehrere Personen gerichtet ist oder an eine Person, die man mit „Sie" (*vous*) anredet, so verwendet man als Befehlsform die 2. Person Plural – ohne Pronomen! (Gehen Sie! → *Allez.*) → Regel 9

Für eine Aufforderung, die eine Gruppe an sich selbst richtet, verwendet man die 1. Person Plural – ohne Pronomen! (Gehen wir! – *Allons.*) → Regel 10

Unregelmäßige Imperativformen: *sois, soyez – va – aie, ayez – sache, sachez – veuille, veuillez* → Tabelle 11

6. Die reflexiven Verben S. 36

je **me** lave – tu **te** laves – il/elle/on **se** lave – nous **nous** lavons – vous **vous** lavez – ils/elles **se** lavent → Tabelle 13

7. Der Imperativ (II): mit Pronomen S. 39

Beim **verneinten Imperativ** steht das **Objektpronomen** genau wie im Aussagesatz unmittelbar vor dem Verb (also vor dem Imperativ). Diese Regel gilt auch für reflexive Verben. → Regel 11

Beim **bejahten Imperativ** steht das **Objektpronomen** immer hinter dem Imperativ, mit dem es durch einen Bindestrich verbunden ist.
Das Pronomen für die 1. Person Singular heißt dabei *moi*, für die 2. Person Singular *toi*. Dies gilt für direkte und indirekte Objekte. → Regel 12

B Eingangstest: Die Verneinung

1. Übersetze.

Frau Picard ist nicht da. ....

Ich verstehe nichts. ....

Meine Freunde kommen heute nicht mehr. ....

Wir haben keine Kinder. ....

Wir essen kein Fleisch. ....

Ich weiß es nicht. ....

→ Kapitel B1–2
Isabelle schreibt ihm nicht mehr. ....

2. Fülle die Lücken aus.

Ce n'est pas .... chat, c'est un chien.

Ce ne sont pas .... francs français, ce sont des francs belges.

Pauline n'aime pas .... chiens, elle préfère .... chats.

→ Kapitel B2
Madame, vous n'aimez pas .... soleil?

3. Setze ins Passé composé.

Où est M. Troupard?

Je ne vois pas M. Troupard. ....

Il n'arrive pas encore. ....

Il ne m'écrit pas. ....

Il ne me téléphone plus. ....

→ Kapitel B5
Il ne rentre pas chez lui. ....

4. Antworte mit verneinten Sätzen.

L'amour fini

Tu peux venir me voir? Non, je ....

Alors, tu vas au cinéma avec moi? Non, je ....

Tu veux rester à la maison? Non, je ....

Tu dois encore travailler? Non, je ....

→ Kapitel B6
Enfin, qu'est-ce qu'on peut faire? (rien) On ....!

Die Verneinung
oder: Nein! Noch nicht! Nie!

B

Wenn du sagen willst, dass du etwas nicht kannst, nicht willst, noch nicht erledigt hast, gebrauchst du einen **verneinten Satz**, so wie der Franzose hier auf dem Bild.

1. Die Verneinungswörter: *ne … pas / ne … plus / ne … pas de*

Schau dir auch die folgenden Beispiele an:

Tabelle 1

Tu danses?	– Non, je	ne	danse	pas.		Ich tanze	nicht.
Tu viens?	– Non, je	ne	viens	pas.		Ich komme	nicht.
On attend?	– Non, on	n'	attend	pas.		Wir warten	nicht.

Beim Vergleich der französischen und deutschen Sätze fällt dir sicher sofort auf:
Im Deutschen gebraucht man nur ein Wort zur Verneinung: *nicht*.
Im Französischen besteht die Verneinung dagegen aus zwei Teilen: ***ne … pas***.

TIPP

Wundere dich nicht, wenn du in Frankreich häufig hörst:
*«Je danse **pas**.» «J'attends **pas**.»*
Das ist zwar gebräuchliche Umgangssprache, besonders unter Jugendlichen, beim Schreiben aber darf das ***ne*** nicht fehlen.

Aus Tabelle 1 lässt sich die Hauptregel für die Verneinung ableiten, die fast immer gilt:

Regel 1

Die Verneinung (frz. *la négation*) besteht aus zwei Teilen: ***ne … pas***.

Die beiden Verneinungswörter ***ne*** … ***pas*** umschließen das konjugierte Verb wie eine Klammer.
Vor Vokal *(a, e, i, o, u, y)* und stummem *h* wird *ne* zu *n'*.

Übung B1

Das üben wir jetzt erst einmal wie im Beispiel.

1. Où est Jean? – Il *n' est pas* là.
2. Vous parlez anglais? – Non je .... anglais.
3. Tu comprends? – Non, je ....
4. J'aime le thé, mais je .... le café.
5. Voilà un ascenseur. – Oh, il .... (marcher[1]).
6. Vous fumez[2], monsieur? – Non merci, je ....
7. Françoise et Simone arrivent ce soir? – Non, elles .... ce soir. Elles arrivent demain soir.
8. Ton ami est français? – Non, il .... français, il est turc.

1 *marcher:* gehen, funktionieren • 2 *fumer:* rauchen

Prima!!! Das klappt ja schon sehr gut. Wir können weitermachen.

Du weißt sicher, dass es im Französischen – genau wie im Deutschen – noch **andere Verneinungswörter** gibt.

Die wichtigsten findest du in der folgenden Tabelle; dabei sind zum besseren Verständnis links auch die bejahten Formen angegeben.

Tabelle 2

	bejaht	→	verneint	
schon	déjà	→	ne … pas encore	noch nicht
noch	encore	→	ne … plus	nicht mehr
immer	toujours	→	ne … jamais	nie, niemals
etwas	quelque chose	→	ne … rien	nichts
jemand	quelqu'un	→	ne … personne	niemand, keiner

Beispiel:
Les Schmidt **ne** connaissent **personne** ici.
Die Schmidts kennen hier niemanden.

Übung B2

In der nächsten Übung sollst du erst einmal nur diese Gegensatzpaare vervollständigen. Zur Sicherheit kannst du ja nochmal in Tabelle 2 nachsehen.

1. Mireille est encore là? – Non, elle n' est plus là.
2. Tu vois quelqu'un ? – Non, je ne vois personne.
3. Paul écrit toujours à Claire, mais Claire .... écrit .... à Paul.
4. Tu entends quelque chose? – Non, je .... entends ....
5. Rainer connaît .... à Paris? – Non, il ne connaît personne à Paris.
6. Vous avez .... fini? – Non, nous n'avons pas encore fini.
7. Tu parles déjà bien le français. – Non, je .... parle .... bien.
8. On mange .... ? – Non, on ne mange rien.

Übung B3

Nun versuch's mal, ohne auf die Tabelle 2 zu schielen!
In den Fragen sind wieder einige Wörter unterstrichen, die dir sagen, welches Verneinungswort du gebrauchen musst.

1. Tes amis sont déjà là? – Non, ils ne sont pas encore là.
2. Tu connais déjà Marc? – Non, je .... ton ami.
3. On danse encore? – Non, on ....
4. Tu bois quelque chose? – Non merci, je ....
5. Je travaille toujours, mais toi, tu ....
6. Il y a quelqu'un à la porte? – Non, il ....
7. Elle voit quelque chose? – Non, elle ....
8. Vous écoutez encore? – Non, nous ....
9. Tu veux encore regarder la télé? – Non, je .... regarder.

Zur Abwechslung kommt jetzt eine kleine Geschichte, die gleichzeitig etwas Neues bringt.

Pierre est «malade»

Pauline:	Pierre:
Plus d'alcool[1], Pierre!	
Tu es malade. Voilà un thé.	Je **ne** veux **pas** de thé, Pauline.
Alors, encore un orangina?	Non, je **ne** veux **plus** d' orangina.
Tu veux peut-être encore du lait[2]?	Non, merci! Je **ne** veux **plus** de lait.
Alors, un peu de vin rouge[3] avec de l'eau minérale?	Non, **pas** d' eau minérale!

1 *l'alcool* (m): Alkohol • 2 *le lait:* Milch • 3 *le vin rouge:* Rotwein

Bei Pierres Antworten ist dir sicher wieder etwas aufgefallen:

Je **ne** veux **pas** de thé / … **plus** d'orangina.
(Ich will keinen Tee / … keinen Orangensaft.

Sehen wir uns noch einen zweiten Satz an:

Mme Legrand **n'**achète **pas** de pommes.
(Frau Legrand kauft keine Äpfel.)

Aus diesen Sätzen und den anderen Antworten Pierres lässt sich eine zweite Regel zur Verneinung ableiten:

Regel 2

Nach ***ne … pas*** und ***ne … plus*** mit der deutschen Bedeutung „kein / keine (mehr)" steht im Französischen nur ***de*** bzw. vor Vokal und stummem *h* nur ***d'***. Dies gilt auch, wenn ein Plural folgt.*

** Zu* de *nach Verneinung s. auch S. 140.*

Dazu gleich eine Übung:

Übung B4

Il est fou – ce collège!

1. Les profs ont des vélos, mais ils n'ont pas de voitures!
2. Nous avons tous des bonnes notes parce que les profs (donner) .... mauvaises notes.
3. Les classes ont des portes, mais elles .... fenêtres!
4. Nous avons une télévision, mais nous .... antenne!
5. Le concierge[1] vend du coca-cola, mais il .... lait![2]
6. Il y a une grande piscine[3], mais il .... eau dedans![4]
7. A la cantine, on mange des pommes de terre, mais .... viande![5]

1 *le concierge:* Hausmeister • 2 *le lait:* Milch • 3 *la piscine:* Schwimmbad • 4 *dedans:* drin • 5 *la viande:* Fleisch

Das war doch gar nicht schwer, oder? Nun aber Achtung!

2. Ausnahmen bei den Verben *être* und *aimer / préférer*

2.1 *être*

Der Junge rechts im Bild hat völlig Recht: Das ist kein Mercedes, das ist natürlich ein Porsche!

Und er spricht auch korrektes Französisch, denn in Verbindung mit dem Verb *être* gilt Regel 2 nicht!

Ce **n'est pas** une fille, c'est un garçon. Ça se voit!

Ce **ne sont pas** des filles, ce sont des garçons.

Um diese Ausnahme geht es in der nächsten Übung.

Bernards Großmutter kann nicht mehr gut sehen; deshalb muss Bernard ihr einiges auf dem Bild erklären. Benutze bei seinen Antworten immer *être* in der verneinten Form.

Übung B5

Grand-mère:	Bernard:
1. Regarde les chevaux[1], Bernard.	Mais *ce ne sont pas des* chevaux, ce sont des vaches[2]!
2. Mais ça, c'est un cheval, n'est-ce pas?	Non, …………………………… cheval. C'est un chien!
3. Voilà une grande maison. C'est une ferme[3].	Mais non, …………………………… ferme. C'est un beau château[4]!
4. Bon. Devant le château, il y a des gens, les amis du duc[5] peut-être?	Grand-mère, regarde! …………………… …………………… amis du duc. Ce sont des arbres!
5. Hm … Est-ce que je vois bien: ce sont des fleurs?	Non, tu ne vois pas bien. …………………… …………………… fleurs!
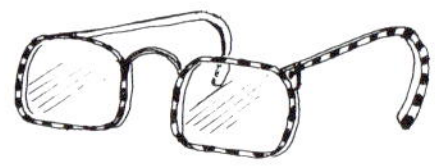	Ce sont des bouteilles! Ecoute, je vais chercher tes lunettes!

1 *le cheval/les chevaux:* Pferd • 2 *la vache:* Kuh • 3 *la ferme:* Bauernhof • 4 *le château:* Schloss • 5 *le duc:* Graf

2.2 *aimer / préférer*

Erinnere dich, in der ersten Übung (Übung B1, Satz 4) kam folgender Satz vor:

J'aime le thé, mais je n'**aime** pas le café.
Ich trinke gern Tee, aber ich mag keinen Kaffee.

Du hast das automatisch richtig gemacht.
Hier gilt Regel 2 also auch nicht!!!

Die **Ausnahmeregel** heißt:

Regel 3

Nach ***aimer*** und ***préférer*** steht bei der Verneinung immer der bestimmte Artikel ***le, la, les***.

Marie-José aime le froid, mais elle n'**aime** pas **la** chaleur.

Um diese Ausnahme geht es in der nächsten Übung.
Hier ist ein französischer „Suppenkasper“, der nichts von dem mag, was er essen soll.
Was wird er wohl sagen?

Übung B6

1. – Voilà une soupe, mon petit.

   – Je n'aime pas la soupe.

2. – Mais tu prends un sandwich?

   – Non, je .... sandwich.

3. – C'est un sandwich au fromage!

   – Je .... fromage.

4. – Et tu ne veux pas de bananes non plus?

   – Non, je .... bananes non plus.

5. – Alors, bois l'orangina.

   – Je .... orangina.

6. – Tu n'es pas malade, petit? Je te donne une infusion?

   – Je .... infusion.

   Je veux: un steak-frites avec de la salade, un verre de vin rouge et une cigarette après! J'aime ça!!!

Merken musst du dir auch noch einige **feste Redewendungen**, bei denen du die **Regel 2** ebenfalls nicht anwenden kannst. Am besten einfach wie Vokabeln lernen:

ich habe keine Zeit – je n'ai pas le temps
ich habe keinen Hunger – je n'ai pas faim
ich habe keinen Durst – je n'ai pas soif
ich habe keine Angst – je n'ai pas peur
ich habe keine Lust – je n'ai pas envie

3. Der verneinte Imperativ

Was Pierre hier sagt, hast du sicher auch schon mal gehört.

Oder auch das:

(Ne) dis (pas) ça!

Es handelt sich hierbei um die **verneinten Befehlsformen** (Befehlsform = Imperativ, frz. *l'impératif*, m.) Weitere Erklärungen sind erfreulicherweise nicht nötig, denn unsere Hauptregel Regel 1 gilt auch hier.

Übung B7

Jetzt kannst du mal die strenge Mutter oder den strengen Vater spielen und Brigitte sagen (befehlen), was sie in der Schule alles nicht tun soll.
Setze die folgenden Befehle in die verneinte Form:
parle, fume[1], regarde, lis, dors, triche[2], oublie

1. Ne parle pas à tes voisines!
2. .... dans les toilettes!
3. .... par la fenêtre!
4. .... BD pendant les cours!
5. .... en maths!
6. ....!
7. .... tes affaires[3]!

1 *fumer:* rauchen • 2 *tricher:* mogeln • 3 *les affaires* (f.): Sachen

Wenn du noch Fehler hattest, dann blättere zurück auf Seite 50 und Seite 52 und schau dir nochmals Regel 1 und Regel 2 an. Das muss erst sitzen, bevor du weitergehst.

4. Verneinung mit Objektpronomen

B

Nun sieh dir einmal die folgende Tabelle genau an:

Tabelle 3

Tu cherches ton porte-monnaie?	– Je	**ne**	le cherche	**pas**.
Elle invite Marc et Gabi?	– Elle	**ne**	les invite	**pas**.
Vous écrivez encore à vos correspondants?	– Non, nous	**ne**	leur écrivons	**plus**.

Die Verneinungswörter umschließen noch immer das Verb. Aber was hat sich hier verändert? Du erkennst in der Tabelle, dass noch **Pronomen** (Objektvertreter*) hinzugekommen sind:

** Pronomen/Objektvertreter vgl. „Ça alors! 2"*

le – les – leur

Wir müssen also die Regel 1 erweitern:

Regel 4

Steht ein Pronomen vor dem konjugierten Verb, schließen die **Verneinungswörter** (die „Klammer") das **Pronomen** mit ein, denn das Pronomen klebt am Verb.

Das üben wir jetzt wie im Beispiel.

Übung B8

1. Elle lui écrit? – Non, elle ne lui écrit pas.
2. Tu le sais? – Non, je ....
3. On y va? – Non, on ....
4. On lui téléphone? – Non, on ....
5. Vous prenez le train à 10 heures? – Non, nous ...., c'est trop tôt.
6. Tu me donnes ton livre? – Non, je .... mon livre!
7. On les attend encore? – Non, on ....
8. Tu ne connais pas Jeannette? – Non, je ....

B

5. Verneinung beim Passé composé

* Zum Passé composé vgl. Kapitel D, S. 86ff.

Bisher hast du nur verneinte Sätze in der Gegenwart (Präsens) geübt. Im nächsten Abschnitt geht es um die Vergangenheit, das berühmte **Passé composé** (P. c.)*. (Wenn du das Passé composé in der Schule noch nicht gehabt hast, überblätterst du dieses Kapitel und machst weiter auf S. 59.) Das P. c. kann ja manchmal seine Tücken haben, aber die **Verneinung** im Passé composé ist nicht besonders schwierig. Das erkennst du sofort in der folgenden Tabelle:

Tabelle 4

Je	**n'**	ai	**pas**	vu	Pierre.
Nous	**n'**	avons	**pas encore**	mangé.	
Je	**ne**	suis	**pas**	sorti	hier soir.
Il	**n'**	est	**pas encore**	arrivé.	

Nichts Neues:
Auch im Passé composé gelten die Regeln 1, 2 und 3:
Die Verneinungswörter umschließen wieder das konjugierte Verb, also die Formen von *avoir* oder *être*.

Das wollen wir in zwei Übungen festigen.

Übung B9

Sebastien – vorher und nachher

Am Tag vor seinem Geburtstag hat er alles gemacht, was er sollte.	Aber einen Tag nach seinem Geburtstag – da war alles wieder ganz anders!
1. Il a été gentil.	Il n'a pas été gentil.
2. Il a fait son lit.	Il .... son lit.
3. Il a rangé ses affaires[1].	Il .... ses affaires.
4. Il est allé au collège.	Il .... au collège. Il a joué au foot!
5. Il a fermé la porte.	Il .... la porte.
6. Il a acheté du pain pour sa mère.	Il .... pain pour sa mère.
7. Il est rentré à l'heure[2].	Il .... à l'heure.

1 *ranger ses affaires:* seine Sachen aufräumen • 2 *à l'heure:* pünktlich

Achtung bei der nächsten Übung! Passé composé mit vorangehendem Pronomen! Jetzt musst du auch Regel 3 anwenden. Lies sie dir vorher nochmal durch. Auf geht's!

Übung B10

Halb acht abends: Caroline erinnert sich an all das, was sie noch nicht erledigt hat.

1. Paul lui a écrit une lettre. (lui répondre)

   Elle ne lui a pas encore répondu.

2. Caroline a acheté un T-shirt. (l'essayer)

   Elle ne l'a pas encore essayé.

3. Son pull rouge est sale[1]. (le laver)

   Elle ……………………………………

4. Elle doit[2] préparer un contrôle. (le préparer)

   Elle ……………………………………

5. Ses amis lui ont envoyé un cadeau (leur écrire)

   Elle ……………………………………

6. Elle cherche toujours son cahier d'exercices. (le trouver)

   Elle ……………………………………

7. Son père lui a dit: «Fais-moi un café, s'il te plaît.» (le faire)

   Elle ……………………………………

8. Et elle veut aller au cinéma avec Daniel à 8 heures! (lui téléphoner)

   Elle ……………………………………

1 *sale:* schmutzig • 2 *devoir:* müssen

Das war etwas komplizierter, zugegeben. Falls du mehrere Fehler beim Passé composé gemacht hast, dann schau dir lieber Kapitel D noch einmal an.

6. Die Verneinung bei Verben mit Infinitivergänzung

Den folgenden Teil kannst du fast aus dem Ärmel schütteln:

Tabelle 5

On	**ne**	va	**pas**	aller au cinéma.
Je	**ne**	peux	**pas encore**	venir.
Nous	**ne**	voulons	**pas**	jouer aux dés.

Daran ist noch nichts Neues, wirst du nun sagen. Stimmt: Die **Hauptregel** Regel 1 gilt auch bei der Verneinung von Verben mit **Infinitivergänzung**.

Hier nun die wichtigsten Verben, nach denen Infinitive stehen:

Tabelle 6

aller	faire qc.	etw. tun werden
vouloir	faire qc.	etw. tun wollen
pouvoir	faire qc.	etw. tun können[1]
savoir	faire qc.	etw. tun können[2]
devoir	faire qc.	etw. tun müssen
il faut	faire qc.	man muss; es ist nötig, dass

1 *pouvoir:* können, weil man die Möglichkeit, Gelegenheit oder Zeit hat • 2 *savoir:* können, weil man die Fähigkeit hat, weiß, wie man etwas macht

Übung B11

Da man bei diesen Verben häufig Fehler macht, müssen wir sie in der verneinten Form gesondert üben.

1. Tu vas apprendre l'anglais[1]? – Non je ne vais pas apprendre l'anglais, je vais apprendre le français.
2. Ils veulent aller en Belgique? – Non, ils ………………………… en Belgique, mais en France.
3. M. Grimaud va acheter la Peugeot? – Non, il ………………………… ………………… la Peugeot; il va acheter la Renault.
4. Tu peux venir ce soir[2]? – Non, je ………………………… ce soir, mais demain soir.
5. Vous allez prendre le T-shirt jaune? – Non, je ………………………… ………………… le T-shirt jaune; je vais prendre le T-shirt rouge.
6. On va jouer au foot? – Non, on ………………………… au foot, mais au volley.
7. Mme Dingue veut déjà partir? – Non, elle ………………………… …………………, elle reste encore quelques minutes.
8. Il faut déjà partir? – Non, il …………………………
9. Vous pouvez entendre quelque chose? – Non, nous ………………………… …………………, il y a trop de bruit.
10. Qu'est-ce qu'on doit faire? (rien) – On …………………………

1 *apprendre* l'anglais: Englisch lernen • 2 *ce soir:* heute Abend

Natürlich gibt es auch noch Pronomen beim Infinitiv:

Il **ne** veut **pas** me croire.

Aber das behandeln wir hier nicht. Genaueres findest du im Kapitel C.

Damit sind wir mit der Verneinung eigentlich am Ende. Oder doch nicht?

7. Besonderheiten bei *ne … rien* und *ne … personne*

B

Rien ne va plus. – Nichts geht mehr.
Personne n'a compris. – Niemand hat verstanden.

Ne … rien und *ne … personne* hatten wir doch schon „richtig herum" in Übung B2!

Prima! Das hast du aber gut behalten. Vielleicht ist das Folgende in eurem Unterricht auch noch gar nicht vorgekommen. Dann kannst du gleich an die Abschlussübung gehen. Vielleicht interessiert es dich aber doch zu sehen, was es mit den beiden Sätzen auf sich hat.

Rien und ***personne*** können **Subjekt** im Satz sein, wie z. B. in dem obigen Satz:

Rien ne va plus.

Deshalb heißt unsere letzte Regel:

Regel 5

> Als Subjekt stehen *rien ne / personne ne* am Satzanfang vor dem Verb.

Personne nimmt darüber hinaus noch eine Sonderstellung ein:

Tu as vu quelqu'un? – Non, je n' **ai vu** personne.

M. Dupont est là? – Oui, mais il ne **veut voir** personne.

Im Passé composé und beim Verb mit Infinitivergänzung umschließen *ne … personne* **beide Verbteile**.

Jetzt bist du fit für die Abschlussübung zum Kapitel „Verneinung": Es geht jetzt alles durcheinander und ohne Beispiele!
Du kannst ja sicherheitshalber noch einmal die Regeln und Tabellen anschauen.

Übung B12

ABSCHLUSSÜBUNG

1. On va aller au cinéma? – Non, on ....
2. Vous avez une maison? – Non, nous ....
3. Tu fumes? Non, je ....
4. Yves regarde toujours la télé? Non, il ....
5. Tu as acheté le CD? Non, je ....
6. Naoual lui a déjà écrit? Non, elle ....
7. Tu prends le pull? – Non, je ....
8. Ils sont sortis ce soir? – Non, ils ....
9. Vous pouvez voir quelque chose? – Non, nous ....
10. Fatima m'attend à 8 heures? – Non, elle ....
11. Les Marchand ont aimé le film? – Non, ils ....
12. Est-ce que c'est un sac en cuir[1]? – Non, ..., c'est un sac en plastique.
13. Vous comprenez? – Non, je ....
14. Tu as déjà fait ton lit? – Non, je ....
15. Qu'est-ce qu'on peut faire? (rien) – On ....
16. Ce sont des photos de Christiane? – Non, ce ...., ce sont des photos de Monique.
17. Tu fais encore des fautes? – Non, je ....

1 *en cuir:* aus Leder

Zusammenfassende Übersicht: Die Verneinung

B

1. Die Verneinungswörter: *ne … pas, ne … plus, ne … pas de* S. 49

Isabelle **ne** vient **pas**. – Isabelle kommt nicht. → Tabelle 1

Les Schmidt **ne** connaissent **personne** ici. – Die Schmidts kennen hier niemanden. → Tabelle 2

Die Verneinung besteht aus 2 Teilen: *ne … pas / ne … personne* usw. Die beiden **Verneinungswörter** umschließen das **konjugierte Verb** wie eine **Klammer**. Vor Vokal und stummem *h* wird *ne* zu *n'*. → Regel 1

Je **ne** mange **pas de** viande. – Ich esse kein Fleisch. → Regel 2
Elle **n'** achète **pas de** croissants. – Sie kauft keine Croissants.

Nach *ne … pas / ne … plus* mit der deutschen Bedeutung „kein / keine (mehr)" steht im Französischen immer nur *de*, vor Vokal *d'*, auch wenn ein Plural folgt.

2. Ausnahmen bei *être* und *aimer / préférer* S. 53

Ausnahme bei *être:* Ce n'est pas **une** fille, c'est un garçon.
Ce ne sont pas **des** pommes.

Ausnahme bei *aimer / préférer:* J'aime le thé, mais je n'aime pas **le** café. → Regel 3
Nach *aimer* und *préférer* steht in der Verneinung immer der bestimmte Artikel *(le, la, les)*.

3. Der verneinte Imperativ S. 56

Ne dis **pas** ça. – Sag das nicht!

Ne partez **pas encore**. – Geht noch nicht weg!

Regel 1 gilt auch beim verneinten Imperativ: Die Verneinungswörter umschließen das konjugierte Verb (hier in der Befehlsform) wie eine Klammer.

4. Die Verneinung mit Objektpronomen S. 57

Je **ne le** crois **pas**. – Ich glaube es nicht. → Tabelle 3

Nous **ne les** invitons **plus**. – Wir laden sie nicht mehr ein.

Steht ein Pronomen vor dem konjugierten Verb, schließen die Verneinungswörter (die „Klammer") das Pronomen mit ein. → Regel 4

5. Die Verneinung beim Passé composé — S. 58

→ Tabelle 4

Je	**n'** ai **pas**		vu Pierre.	– Ich habe Pierre nicht gesehen.
Il	**n'**est	**pas encore**	arrivé.	– Er ist noch nicht angekommen.

6. Die Verneinung bei Verben mit Infinitivergänzung — S. 59

→ Tabelle 5

On	**ne** va **pas**	aller au cinéma.	– Wir gehen nicht ins Kino.
Je	**ne** peux **pas encore**	venir.	– Ich kann noch nicht kommen.

Auch im Passé composé und bei Verben mit Infinitivergänzung schließen die Verneinungswörter das konjugierte Verb ein.

→ Tabelle 6 Liste der wichtigsten Verben mit Infinitivergänzung.

7. Besonderheiten bei *ne ... rien* und *ne ... personne* — S. 61

Rien	**ne** va plus.		– Nichts geht mehr.
Personne	**n'** a	compris.	– Keiner hat (es) verstanden.

→ Regel 5 Als Subjekt stehen *rien ne* / *personne ne* am Satzanfang vor dem Verb.

Eingangstest: Das Futur composé und andere Verben mit Infinitivergänzung

C

1. Setze die richtige Verbform von *aller* ein.

Qu'est-ce qu'on va faire ce week-end?

Madame et M. Leclerc .... rester à la maison, parce qu'ils .... inviter leurs voisins. Adrien .... jouer au foot et sa sœur Sophie .... aller voir son amie Sylvie.

Adrien: Qu'est-ce que vous .... faire, vous deux?

Sophie: Nous .... jouer au volley.

→ Kapitel C1

2. Setze das passende Verb in der korrekten Form ein:

pouvoir – vouloir – aimer – savoir

Je .... apprendre l'anglais.

Est-ce que tes amis .... venir ce soir?

Abdul .... bien nager.

Vous .... écouter de la musique classique, monsieur?

→ Kapitel C4

3. Antworte mit der Verneinung.

Tu vas venir? – Non, je ....

Tes amis vont encore rester? – Non, ils ....

Tu veux boire? – Non merci, je ....

Vous aimez sortir? – Non, nous ....

Vous savez l'heure? – Non, je ....

Il faut déjà partir? – Non, il ....

→ Kapitel C2+5

4. Antworte verneint und ersetze die unterstrichenen Objekte durch ihre Vertreter.

Madame Nurdi va acheter <u>la voiture</u>? – Non, elle ....

Alors, elle va prendre <u>le bus</u>? – Non, elle ....

Elle veut aller <u>à Cologne</u>? – Non, elle ....

Elle doit encore téléphoner <u>à son chef</u>? – Non, elle ....

Elle peut envoyer <u>ces lettres</u>? – Non, elle ....

→ Kapitel C2, 3+5

C Das Futur composé und andere Verben mit Infinitivergänzung oder: Qu'est-ce qu'on va faire demain?

1. Das Futur composé

Qu'est-ce qu'on va faire demain? – Was machen wir morgen?

Das ist manchmal wirklich eine schwierige Frage, z. B. wenn's ums Wochenende geht.

Pierre hat sich schon zwei Möglichkeiten überlegt. Es gibt natürlich noch viele andere.

Tabelle 1

Demain, on va aller au cinéma.	Morgen werden wir ins Kino gehen.
Demain, on va jouer au volley.	Morgen werden wir Volleyball spielen.
Demain, je vais écouter des CD.	Morgen werde ich CDs hören.
Demain, je vais faire une promenade à vélo.	Morgen werde ich eine Fahrradtour machen.

Was sich Pierre hier überlegt, liegt in der **Zukunft**.

Pierre sagt: Demain, je vais écouter des CD.

Man benutzt dabei: *aller* + **Infinitiv**

Diese **zusammengesetzte Form** heißt: **Futur composé**

Vergleichen wir doch einmal:

Je vais écouter. – Ich werde hören.

Dem deutschen *werden* entspricht im Französischen *aller*.

Daraus ergibt sich die Regel:

Regel 1

Das **Futur composé** wird gebildet aus einer Form von ***aller*** und dem **Infinitiv** des Verbs.
Man benutzt es für Handlungen, die in der **Zukunft** liegen.

Übung C1

In der ersten Übung sollst du aufschreiben, was man am Wochenende sonst noch alles machen kann. Dabei kannst du die verschiedenen Teile des Puzzles beliebig zusammensetzen und praktisch keine Fehler machen, denn bei dieser Übung gibt es viele richtige Lösungen.

1. Je ……………………………………………
2. Tu ……………………………………………
3. (Il) ……………………………………………
4. Nous ……………………………………………
5. Vous ……………………………………………
6. (Ils) ……………………………………………

vous allez
danser au club
je vais
nous allons
Paul et Robert vont
Tu vas
lire le nouvel Astérix
réparer le vélo
jouer aux cartes
Pierre va
aller au stade
aller nager

In der ersten Übung stehen jetzt untereinander alle Formen des Verbs ***aller*** + verschiedene **Infinitive**.

Übung C2

In der nächsten Übung sollst du die Formen nun selbst bilden. Die Verben, die du in den Infinitiv setzen musst, sind unterstrichen.

1. Aujourd'hui, on mange à 8 heures. Et demain?

   Demain, *on va manger* à 9 heures.

2. Aujourd'hui, on prend le bus pour aller à Paris. Et demain?

   Demain, on …………………… le train.

3. Cette année, je passe mes vacances en Allemagne. Et l'année prochaine?

   L'année prochaine, je …………………… mes vacances en France.

4. Cet après-midi, nous regardons un match de tennis. Et ce soir?

   Ce soir, nous …………………… la télé.

5. Aujourd'hui, Christian fait le café. Et demain?

   Demain, Brigitte .... le café.

6. A midi mes amis viennent manger. Et ce soir?

   Ce soir, ils .... aussi.

Hast du in der Übung auch die Infinitive immer richtig gemacht? Also: *pass**er***, *regard**er***. Sehr häufig macht man gerade beim Infinitiv der Verben auf *-er* Fehler: Man verwechselt den Infinitiv mit dem Participe passé *(pass**é** – regard**é**)*, weil die beiden Formen gleich ausgesprochen werden. Diesen Fehler machen übrigens Franzosen auch ziemlich oft.

TIPP

Einen anderen Fehler aber machen vor allem viele deutsche SchülerInnen: Sie verwenden statt eines Infinitivs eine konjugierte Verbform (z. B. *elle va ~~vient~~* statt *elle va venir*), obwohl die Konstruktion doch die gleiche ist wie im Deutschen! Deshalb denk immer daran: **Zwei konjugierte Verbformen hintereinander gibt es nicht!**

Je vais ven**ir**. – Ich werde kommen.
Tu vas descen**dre**? – Wirst du hinuntergehen?
Il va mang**er**. – Er wird essen.

Die drei Bilder hier sollen dir helfen, die verschiedenen Verbformen klar zu unterscheiden.

André **va jouer** au foot.
André wird Fußball spielen.
Futur composé

André **joue** au foot.
André spielt Fußball.
Präsens *(Présent)*

André **a joué** au foot.
André hat Fußball gespielt.
Passé composé

TIPP

Als Faustregel kannst du dir merken:
– auf ***avoir/être*** folgt immer ein **Participe passé** (P. p.):
  il **a** → joué } Passé composé
  elle **est** → allée } Passé composé
– auf alle anderen Verben folgt ein **Infinitiv:**
  il **va** → jou**er**
  elle **veut** → all**er**

Die folgende Übung soll das verdeutlichen.
Wenn du das Passé composé noch gar nicht kennst, kannst du Übung 3 überspringen.

Qu'est-ce qu'ils ont fait hier?	**Qu'est-ce qu'ils vont faire demain?**
1. Hier[1], Mme Roubaix a préparé un bon dîner.	Demain[2], elle va préparer un bon déjeuner.
2. Hier, Monique a téléphoné à son amie.	Demain, elle .... à son professeur.
3. Hier, j'ai regardé le nouveau film au «Rex».	Demain, je .... l'exposition[3] au club.
4. Hier, nous avons révisé[4] les verbes.	Demain, nous .... le futur composé.
5. Hier, Gabi et Klaus ont acheté des BD.	Demain, ils .... des livres.
6. Hier, j'ai mangé au restaurant.	Demain, je .... à la cantine.

Übung C3

1 *hier:* gestern (vergangen, vorbei) • 2 *demain:* morgen (Zukunft) • 3 *l'exposition* (f.): Ausstellung • 4 *réviser:* wiederholen

Alles richtig? Wenn du das Passé composé wiederholen willst, siehe Kapitel D.

2. Die Verneinung beim Futur composé

C

Pierres Vorschläge fürs Wochenende finden bei seinem Freund keinen großen Anklang. Sieh dir mal an, was er ihm ständig antwortet.

Tabelle 2

On va aller au cinéma?	Non, on **ne** va **pas** y aller.
On va jouer au foot?	Non, on **ne** va **pas** jouer au foot, mais …
Tu vas écouter des CD?	Non, je **ne** vais **pas** écouter de CD, mais …
Tu vas faire une promenade?	Non, je **ne** vais **pas** faire de promenade, mais …

Du hast es bestimmt erkannt, worum es hier geht: die Verneinung *(la négation)*. Ein ganzes Kapitel gibt es ja über die Verneinung: Kapitel B.

Erinnerst du dich auch an Regel 1?
Diese Regel kannst du nämlich jetzt auch auf das Futur composé übertragen.

Je **ne** vais **pas** venir.

Nous **n'** allons **pas** partir.

Regel 2

Die beiden Verneinungswörter **ne** … **pas** umschließen das konjugierte Verb, also hier die Form von ***aller***, wie eine **Klammer**.
Vor Vokal *(a, e, i, o, u, y)* und stummem *h* wird *ne* zu *n'*.

Übung C4

Die nächste Übung ist eigentlich nur Routine für dich. Also los!

1. – Tu vas partir ce soir?

   – Non, je ne vais pas partir ce soir, mais demain soir.

2. – Les Legrand vont arriver à 4 heures?

   – Non, ils .... à 4 heures, mais à 4 heures 30.

3. – On va inviter Gisèle?

   – Non, on .... Gisèle. Elle parle trop!

4. – Vous allez faire une promenade?

   – Non, nous .... de promenade.

   Nous restons à la maison.

5. – Tu vas venir?

   – Non, je .... Je suis malade.

6. – Tes amis vont rentrer bientôt?

   – Non, ils .... bientôt, mais dans 3 semaines.

3. Die Stellung der Objektpronomen beim Futur composé

C

Nach der Routine kommt nun etwas Neues. Schau dir die Tabelle an.
Heute ist Pauline etwas vergesslich gewesen!

Tabelle 3

Pauline, tu as fait tes courses?	– Ah non, j'ai oublié. Je vais les faire tout de suite.
Tu as rangé ta chambre?	– Non, pas encore. Je vais la ranger tout de suite.
Tu as téléphoné à Jean?	– Zut! Je vais lui téléphoner tout de suite.
Tu m'as apporté le livre?	– Pardon! Je vais t'apporter le livre demain!

Hast du erkannt, worum es geht?
Genau: Wo stehen die **Objektpronomen** *les – la – lui – t'* beim Futur composé?

Je vais **les** faire.
Je vais **lui** téléphoner.

Die Regel heißt:

Regel 3

Beim **Futur composé** und bei allen **Verben mit Infinitivergänzung** stehen die **Objektpronomen** vor dem Infinitiv.
Vor Vokal und stummem *h* werden *le, la, me, te* zu *l', l', m', t'*.

Nous allons **l'** apporter.
Il va **m'** appeler.

Übung C5

Das wollen wir jetzt mal üben.
Ersetze die unterstrichenen Objekte durch die passenden Pronomen.

1. Monsieur Lepetit va acheter la Mercedes? Oui, il va l'acheter.
2. Monique va faire le café? – Oui, elle ……………
3. Vous allez aller à Paris? – Oui, nous ……………
4. Tu vas écrire à ton amie? – Oui, je ……………
5. Ils vont apporter les cadeaux? – Oui, ils ……………
6. Tu vas m'aider? – Oui, je ……………
7. Tu vas m'appeler? – Oui, je ……………

In der letzten Übung solltest du keinen Fehler mehr haben.

Übung C6

Beantworte nun die Fragen und setze gleichzeitig die richtigen Objektpronomen ein.

Paulines Mutter muss verreisen. Sie ist sehr besorgt, ob ohne sie zu Haus auch alles klappt.

1. Pauline, tu vas faire les courses? – Oui maman, je vais les faire.
2. Qui va t'aider à faire les devoirs? – Oh, tu sais, papa ……………
3. Tu vas écrire à ta grand-mère? – Oui, je ……………
4. Elisabeth va aller à l'école maternelle? – Oui, elle ……………
5. Vous allez prendre le petit déjeuner le matin? – Oui, nous ……………

   ……………
6. Vous allez donner à manger au chien? – Oui, nous ……………

   ……………

7. Papa va me téléphoner tous les soirs? – Oui, il ……………

So, nun bist du eigentlich fit, um die letzte Aufgabe in diesem ersten Teil ganz allein zu lösen. Wir kombinieren nun das Futur composé mit den Objektpronomen und der Verneinung.

Zu schwer, meinst du? Aber nicht doch! Es geht nämlich alles nach bekannten Regeln:
Lies dir vorher nochmal die **Regeln 1 bis 3** durch, dann hast du die Lösung.

Übung C7

Pierre versucht noch mal, seinem Freund Vorschläge fürs Wochenende zu machen; aber der hat wirklich zu nichts Lust!

1. On va inviter tes amis? –

   Non, on ne va pas les inviter. C'est trop de travail.
2. On va aller au cinéma? –

   Non, on ……………, je n'ai pas envie.
3. Tu vas faire la promenade à vélo avec moi? –

   Non, je ……………, il fait trop froid.
4. Tu vas réparer ton ordinateur? –

   Non, je ……………, c'est trop difficile.
5. Alors, on va téléphoner à Jean? Il a aussi un ordinateur. –

   Non, on ……………, il n'est pas sympa!

6. Ecoute, tu m'énerves[1]! Moi, je vais chez Jean-Claude. Tu vas m'accompagner[2]?

– Non, je ...., je n'ai pas envie.
– Tu es casse-pieds, toi![3]

1 *Tu m'énerves:* Du gehst mir auf die Nerven. • 2 *accompagner qn.:* jdn. begleiten • 3 *Tu es casse-pieds, toi!:* Du gehst mir wirklich auf den Wecker!

War die Übung doch etwas knifflig?
Damit du das Ganze noch einmal im Zusammenhang siehst, hier eine Tabelle, in der alles zum Futur composé auf einen Blick zu sehen ist:

Tabelle 4

On va inviter Monique.	Regel 1: Futur composé: *aller* + Infinitiv
On **ne** va **pas** inviter Monique.	Regel 2: Verneinung: *ne … pas* umschließt das Verb *aller*
On ne va pas **l'** inviter.	Regel 3: Objektpronomen: vor dem Infinitiv

4. Andere Verben mit Infinitivergänzung

In diesem Teil geht es um andere Verben, nach denen im Französischen – wie im Deutschen auch – häufig der Infinitiv steht.

Zunächst ein paar Beispielsätze:

Wir können kommen.	Nous pouvons venir.
Helga spricht gern Französisch.	Helga aime parler français.
Man muss Vokabeln lernen.	Il faut apprendre le vocabulaire.

Die wichtigsten Verben, die hierher gehören, sind in der folgenden Tabelle aufgeführt.

Tabelle 5

vouloir faire qc.	etw. tun wollen
pouvoir faire qc.	etw. tun können*
savoir faire qc.	etw. tun können*
devoir faire qc.	etw. tun müssen
il faut faire qc.	man muss etw. tun; es ist nötig, dass
aimer faire qc.	etw. gern tun
aimer mieux faire qc. préférer faire qc.	etw. lieber tun

* *Vom „Können" mehr auf S. 76.*

Mit diesen Verben wollen wir nun wieder abschnittsweise Übungen machen.

Eine gute Nachricht vorweg:
Du brauchst in diesem 4. Teil keine neuen Regeln mehr zu lernen! Du kennst sie schon alle vom Anfang dieses Kapitels!

An die Stelle von *aller* tritt nun eines der Verben aus Tabelle 5 – das ist alles!
Aber Achtung: Außer *aimer* sind diese Verben alle unregelmäßig.*

** Vielleicht solltest du dir dazu noch einmal Kapitel A (S. 9ff.) ansehen.*

Die Formen sitzen? Das wollen wir zuerst überprüfen.

Übung C8

Trage die entsprechenden französischen Formen ein.

1. Ich will	6. Du willst ....
2. Wir können	7. Du kannst ....
3. Wir wollen	8. Sie will ....
4. Man muss	9. Er muss ....
5. Er kann	10. Sie können ....

Nun zu den Infinitiven. Nehmen wir z. B. den Infinitiv *chanter* (singen). Diesen Infinitiv können wir hinter jede Verbform der Übung 8 setzen. Das sieht dann so aus:

Tabelle 6

Je veux **chanter**.	Ich will singen.
Il doit **chanter**.	Er muss singen.
Nous aimons **chanter**.	Wir singen gern.

Im Folgenden üben wir nun schrittweise die verschiedenen Verben aus Tabelle 5, nach denen häufig ein Infinitiv steht.

4.1 *vouloir / pouvoir* + Infinitiv

Zur Erinnerung zeigt dir Pauline noch einmal die Formen *vouloir* und *pouvoir*:

vouloir	pouvoir
je veux	je peux
tu veux	tu peux
il veut	il peut
nous voulons	nous pouvons
vous voulez	vous pouvez
ils veulent	ils peuvent

Pierre benutzt hier zwei andere Formen, die dir sicher auch schon begegnet sind; es sind Formen, um sich besonders höflich auszudrücken:

- wir könnten vielleicht
- ich würde ganz gern / ich möchte

Gisèle, Anne, Christian und Jean-Paul machen eine Party. Sie überlegen, was sie dafür vorbereiten wollen und können.

Übung C9

Setze die folgenden Verbformen an die richtige Stelle:
je peux – veut – veulent – peuvent – tu peux – nous pouvons – je voudrais – on pourrait

1. Gisèle, Anne, Christian et Jean-Paul ....veulent.... **faire** une boum.
2. Anne: «Jean-Paul, ... **inviter** les amis.»
3. Gisèle: «Moi, ... **faire** un gâteau.»
4. Christian: «On .... **décorer**[1] la salle de séjour.»
5. Gisèle: «Anne et moi, nous .... **acheter** les boissons.

6. Et les garçons .... **préparer** quelque chose à manger.»

7. Jean-Paul .... **apporter** ses CD.

8. Gisèle: «D'accord, mais moi, ... **apporter** mes cassettes aussi.»

1 *décorer:* schmücken

Das ist dir sicher leicht von der Hand gegangen. Damit hast du auch schon zwei häufig gebrauchte Verben wiederholt. Die Infinitive waren jeweils fett gedruckt.

4.2 *pouvoir / savoir* + Infinitiv

In der Tabelle 5 findest du für beide Verben die deutsche Bedeutung „**können**". Aber Achtung:
Es gibt einen Unterschied zwischen *pouvoir* und *savoir*!
In der folgenden Tabelle wird er ausführlich erklärt:

Tabelle 7

Philippe sait faire du ski.
– Philippe kann Ski fahren: Er weiß, wie man das macht; er hat es gelernt.

Mais il ne peut pas faire de ski, parce qu'il s'est cassé la jambe.
– Aber er kann nicht Ski fahren, weil er sich das Bein gebrochen hat.

savoir	= **können**, weil man die **Fähigkeit** hat, weiß, wie man etwas macht.
pouvoir	= **können**, weil man die **Möglichkeit, Gelegenheit** oder Zeit hat.

Übung C10

In der folgenden Übung musst du entscheiden, ob eine Form von *pouvoir* oder *savoir* eingesetzt werden muss.
Als Hilfe verraten wir: 4 x *pouvoir*, 4 x *savoir!*

1. Pierrot a deux ans, il ne .... pas encore lire.
2. Suzanne est très intelligente: elle .... parler trois langues[1]: le français, l'anglais, l'allemand.
3. Papa, est-ce que tu .... aider Marc à faire ses devoirs?
4. Grand-père dit: «Voilà mes lunettes. Maintenant je .... lire la lettre.»
5. Tu .... nager? – Bien sûr! Mais regarde, on ne .... pas nager[2], il n'y a pas d'eau dans la piscine[3]!
6. Vous .... conduire?
7. Voilà aussi les boissons. Maintenant nous .... commencer notre repas.

1 *la langue:* Sprache • 2 *nager:* schwimmen • 3 *la piscine:* Schwimmbad

In der letzten Übung solltest du alles richtig haben. Falls du Fehler gemacht hast, lies dir noch mal Tabelle 7 durch und verbessere deine Fehler.

Übung C11

Wenn alles geklappt hat, machen dir die nächsten Sätze sicher auch keine Schwierigkeiten. Übersetze ins Französische.

1. Ich kann um 5 Uhr kommen. ....
2. Kannst du Englisch (sprechen)? ....
3. Ich kann nicht schreiben, ich habe keinen Füller.[1] ....
....
4. Wir können nach Paris fahren. ....
5. Er kann gut schwimmen. ....
6 Können Sie Ski fahren? ....

1 *le stylo:* Füller

4.3 *devoir / il faut* + Infinitiv

Für „müssen" hast du im Französischen <u>zwei</u> Ausdrucksmöglichkeiten:

1. Il faut partir. Il faut prendre le métro. ↓ ***il faut* + Infinitiv**	2. On doit partir. On doit prendre le métro. ↓ ***devoir* + Infinitiv**

Der Ausdruck *il faut* wird sehr häufig gebraucht, hat aber einen Haken:

Es gibt nur diese eine Form.

Il faut faire attention. – **Man muss** aufpassen.

Oft will man damit auch sagen:

Du musst aufpassen.
Wir müssen aufpassen.

Übung C12

In der nächsten Übung wollen wir diesen festen Ausdruck erst mal allein üben. Du sollst die Befehlsformen in einen Satz mit *il faut* + Infinitiv umformen.

1. Rangez la chambre. Il faut ranger .... la chambre.
2. Ouvrez la fenêtre. .... la fenêtre.
3. Achetez du pain. .... du pain.
4. Prenez le train. .... le train.
5. Faites les devoirs. .... les devoirs.
6. Ecoutez. ....

Sicher fragst du dich jetzt: Was mache ich denn, wenn ich sagen will, wer (welche Person) etwas tun muss?

Das erkennst du in der nächsten Tabelle.

Tabelle 8

Ich muss wegfahren	Je dois partir.
Du musst die Metro nehmen.	Tu dois prendre le métro.
Er muss aufpassen.	Il doit faire attention.

Klar, wie du dir aus der Klemme hilfst? Du benutzt die 2. Möglichkeit für „müssen“: ***devoir* + Infinitiv**.
Im Prinzip kannst du *devoir* immer verwenden. (Es gibt zwar noch andere Möglichkeiten, aber die lernst du erst später.)

In der folgenden Übung wollen wir aber beide Verben verwenden. Bei den Sätzen mit * sollst du *il faut*, bei allen anderen eine Form von *devoir* gebrauchen.

Übung C13

1. Je dois .... faire un voyage (je).
2. Il faut .... partir tout de suite.*
3. .... réviser le texte (ils).
4. .... revenir (tu).
5. .... payer 5 francs.*
6. .... écrire à Fatma (je).
7. .... regarder à droite et à gauche.*
8. .... prendre l'ascenseur (vous).
9. .... aller chez le docteur (elle).
10. .... attendre.*
11. .... être là (il).
12. .... faire le café (je).

Das war genug „müssen"!

Wir kommen zu den letzten Verben mit Infinitivergänzung.

4.4 *aimer / aimer mieux / préférer* + Infinitiv

Um auszudrücken, dass du etwas gerne tust, gebrauchst du *aimer faire qc.*, wenn du aber etwas (anderes) lieber tust *aimer mieux faire qc.* oder *préférer faire qc.* (etwas vorziehen zu tun).

Übung C14

1. Tu aimes jouer du piano? – Oui, j'aime jouer du piano, mais j'aime mieux / je préfère jouer de la guitare.

2. Bérengère aime nager à la piscine? – Oui, elle .... à la piscine, mais .... à la mer.

3. Vous aimez écouter de la musique pop? – Oui, nous .... de la musique pop, mais .... du rock.

4. Patrick aime voir des films au cinéma? – Oui, il .... des films au cinéma, mais .... des films à la télé.

5. Tu aimes sortir seul? – Oui, j' .... seul, mais .... avec des copains.

6. Vous aimez danser à la maison? – Oui, nous .... à la maison, mais .... en boîte.

So, das war schon das Wichtigste zu den Verben mit Infinitivergänzung.

Was jetzt kommt, ist wieder Routine für dich, denn du kennst es schon vom Futur composé.

5. Verneinung und Objektpronomen bei Verben mit Infinitivergänzung

Wir wollen nun alle Verben mischen. Aber das allein wäre ja zu einfach – das kannst du ja schon prima.

Wir nehmen jetzt sofort die **Verneinung** dazu: **Regel 2** (s. S. 70) gilt auch hier.

Übung C15

1. Tu veux jouer au ping-pong? – Non, je ne veux pas jouer au ping-pong.
2. Il faut déjà partir? – Non, il ne faut pas encore partir.
3. Catherine sait faire un gâteau? – Non, elle .... de gâteau.
4. Est-ce que tu aimes nager? – Non, je ....
5. Vous voulez aller au cinéma? – Non, nous .... au cinéma.
6. Les élèves doivent préparer le contrôle? – Non, ils .... le contrôle.
7. René peut apporter ses CD? – Non, il .... ses CD.

8. Il faut déjà rentrer à 10 heures? – Non, il .... à 10 heures.

9. Tu veux encore regarder la télé? – Non, je .... la télé.

10. Vous pouvez venir ce soir? – Non, nous .... ce soir.

Zum Abschluss dieses Kapitels kommt nur noch etwas Bekanntes für dich: nämlich zusätzlich zur Verneinung noch **Objektpronomen vor den Infinitiven**.

Sehen wir uns noch mal Satz 7 aus der letzten Übung an:

René peut apporter **ses CD**? – Non, il ne peut pas apporter **ses CD**.

Das kann man ja auch kürzer sagen, wie du weißt:

René ne peut pas **les** apporter.

Und noch zwei Beispiele:

Je ne peux pas **le** faire.
Il ne faut pas **lui** dire tout.

Alles klar? Dann auf zum Endspurt in diesem Kapitel!

Blättere vor der letzten Übung zurück zu Regel 3.
In der Abschlussübung musst du jetzt alles anwenden, was du zu den Verben mit Infinitivergänzung gelernt hast:

Verneinung – Verb – Objektpronomen – Infinitiv

Übung C16

ABSCHLUSSÜBUNG

Pierre soll abspülen.	Er tut es nicht gern.	Il **n'** aime **pas** le faire.
	Er will es nicht tun.	Il **ne** veut **pas** le faire.
	Er kann es nicht tun.	Il **ne** peut **pas** le faire.

Du sollst zu deiner Tante fahren.

1. Ich fahre nicht gern dorthin. Je ....
2. Ich will nicht dorthin fahren. Je ....
3. Ich kann nicht dorthin fahren. Je ....

Marianne soll ihrem Onkel schreiben.

4. Sie schreibt ihm nicht gern. Elle ....
5. Sie will ihm nicht schreiben. Elle ....
6. Sie kann ihm nicht schreiben. Elle ....

Die Schüler sollen ihren Lehrern antworten.

7. Sie antworten ihnen nicht gern. Ils ....
8. Sie wollen ihnen nicht antworten. Ils ....
9. Sie können ihnen nicht antworten. Ils ....

Du sollst mir helfen.

10. Ich helfe dir nicht gern. Je ....
11. Ich will dir nicht helfen. Je ....
12. Ich kann dir nicht helfen. Je ....

Wenn du in dieser Übung keinen Fehler mehr gemacht hast, dann bist du unschlagbar in diesem Stoff!

Du durftest aber ruhig bis zu 3 Fehlern haben – Pierre sagt trotzdem: *Parfait!*

Zusammenfassende Übersicht: Das Futur composé und andere Verben mit Infinitivergänzung

C

1.–3. Das Futur composé S. 66

Das **Futur composé** wird gebildet aus einer Form von ***aller*** und dem **Infinitiv** des Verbs. Man benutzt es für Handlungen, die in der Zukunft liegen.
Demain je **vais faire** une promenade.

→ Regel 1
→ Tabelle 1

Die beiden **Verneinungswörter** *ne ... pas* umschließen das **konjugierte Verb**, also hier die Form von *aller*, wie eine **Klammer**. Vor Vokal wird *ne* zu *n'*.
Je **ne vais pas faire** de promenade.

→ Regel 2
→ Tabelle 2

Beim Futur composé und bei anderen Verben mit Infinitivergänzung stehen die **Objektpronomen** vor dem **Infinitiv**. Vor Vokal und stummem *h* werden *me, te, le, la* zu m', *t'*, *l'*, *l'*.

Tu as rangé ta chambre?	– Je		**vais**	**la ranger** tout de suite.
	– Je	**ne**	**vais**	**pas la ranger.**

→ Regel 3
→ Tabelle 3–4

4. Andere Verben mit Infinitivergänzung S. 73

Auch nach einigen anderen Verben steht häufig der Infinitiv, z. B. nach *vouloir, pouvoir, savoir, devoir, il faut, aimer, préférer* usw. Man benutzt diese Verben, um auszudrücken, dass man etwas tun will, kann, muss, gern tut, lieber tut.

→ Tabelle 5–8

1.–5. Alles auf einen Blick:

Je		vais			partir demain.
Tu		vas			partir demain.
Il/elle		va			partir demain.
Nous		allons			partir demain.
Vous		allez			partir demain.
Ils/elles		vont			partir demain.
Claudine		veut			faire du ski.
Elle		sait			faire du ski depuis longtemps.
Elle		peut			faire du ski cette semaine.
Il		faut			travailler.
Maurice		doit			travailler maintenant.
Il		aime (mieux)			regarder la télé.
Je	ne	vais	pas		aller au cinéma.
Je	ne	veux	pas		aller au cinéma.
Nous	n'	allons	pas	le	faire.
Nous	ne	pouvons	pas	le	faire.

D Eingangstest: Das Passé composé

1. „Passé composé" bedeutet wörtlich übersetzt „zusammengesetzte Vergangenheit". Es heißt so, weil es sich aus zwei Teilen zusammensetzt, z. B. *[il] est allé, [elles] ont fait*.
Um welche beiden Teile handelt es sich?

→ Kapitel D1 .... + ...

2. Bilde das Participe passé der folgenden Verben:

donner .... manger ....

finir .... rendre ....

partir .... dormir ....

→ Kapitel D1 raconter .... attendre ....

3. Bilde das Participe passé der folgenden Verben:

avoir .... lire ....

prendre .... vouloir ....

mettre .... faire ....

être .... voir ....

→ Kapitel D1 pouvoir .... ouvrir ....

4. Setze die folgenden Sätze ins Passé composé:

Il achète une radio. Il .... une radio.

Vous réparez le vélo. Vous .... le vélo.

Elle lave les verres. Elle .... les verres.

A 8 heures, nous mangeons. A 8 heures, ...

Monique écoute des CD. Monique .... des CD.

Le garçon sert les boissons. Le garçon .... les boissons.

Tu dors bien dans ce lit? Tu .... dans ce lit?

Vous entendez le bruit? Vous .... le bruit?

→ Kapitel D1 Jean-Marc perd son match. Jean-Marc .... son match.

5. Setze die folgenden Sätze ins Passé composé:

Une belle dame entre au salon. ....

Nous partons à 17 heures trente. ....

Vous descendez à la plage? ....

Ils vont au cinéma. ....

Elle ne vient pas. ....

Ils n'entrent pas au musée. ....

Marie, tu sors dimanche? ....

→ Kapitel D3

6. Beantworte die Fragen und ersetze dabei den unterstrichenen Satzteil durch ein Objektpronomen.

Vous avez vu <u>les amies de Corinne</u>? – Oui, je ....

Tu as fait <u>tes devoirs</u>? – Non, ...

Elle a acheté <u>les pulls</u>? – Oui, ...

→ Kapitel D5

7. Setze die Fragen ins Passé composé.

Quelle voiture est-ce qu'il achète?

....

Combien de concours est-ce que ses sœurs gagnent?

....

Quels exercices est-ce que tu fais?

....

Combien de voitures est-ce qu'il vend?

....

→ Kapitel D5

8. Übersetze (ins Heft).

Wir sind um 22 Uhr schlafen gegangen[1].
Das Kleid, das sie sich gekauft hat, ist nicht sehr schön.
Wir haben uns die Hände gewaschen.
Heute sind wir sehr spät aufgewacht[2].
Sie hat sich nicht beeilt[3].
Sie (= *fem.*) haben sich endlich die Füße gewaschen.

1 schlafen gehen: *se coucher* • 2 aufwachen: *se réveiller* • 3 sich beeilen: *se dépêcher*

→ Kapitel D4–5

D Das Passé composé oder: Alles vorbei?

Es soll Lehrer(innen) geben, die an einem bestimmten Tag auf einmal ein ganz weihevolles Gesicht machen und ankündigen: „Heute lernen wir etwas ganz Besonderes – passt gut auf, denn jetzt erfahrt ihr endlich, wie man von etwas spricht, was schon vergangen ist. Ab heute könnt ihr mir nun auch auf Französisch erzählen, was ihr am Wochenende gemacht habt …"

Natürlich denken die meisten nicht daran, dem Lehrer oder der Lehrerin zu erzählen, was sie am Wochenende gemacht haben, aber über Vergangenes reden, das muss man schon können – und dafür haben die Franzosen das **Passé composé**.

Freilich, kein Grund, davon viel Aufhebens zu machen: Im Prinzip funktioniert das Passé composé (P. c. – nicht mit dem PC verwechseln …!) wie das deutsche Perfekt.

Sieh dir dazu doch einfach einmal die folgende Übersicht an:

1. Die Bildung des Passé composé

Tabelle 1

j'	ai		ich habe	
tu	as		du hast	
il			er hat	
elle	a		sie hat	
on		mangé	man* hat	gegessen
nous	avons		wir haben	
vous	avez		ihr habt	
ils	ont		sie haben	
elles				

** Du weißt vielleicht, dass* on *(man) in der Umgangssprache sehr oft statt* nous *verwendet wird.* On a mangé *heißt also zumeist: „Wir haben gegessen".*

Du siehst sofort, warum dieses Tempus „Passé composé" heißt: Weil es aus zwei Teilen zusammengesetzt ist:

Regel 1

Das **Passé composé** besteht aus
- **einem Hilfsverb** (meist *avoir*, manchmal *être*)
- und dem so genannten **Participe passé** (P. p.).

TIPP

Achte von Anfang an darauf, dass es immer zwei Formen sind – ein häufiger Fehler besteht darin, dass das Hilfsverb *avoir* oder *être* vergessen wird!

Damit es am Anfang nicht zu kompliziert wird, beschränken wir uns zunächst auf das P.c. mit *avoir*. Erst ab Kapitel D 3 (S. 93) gehen wir dann auch auf das P.c. mit *être* ein.

Die Formen von *avoir* kennst du ja schon. Achten musst du vor allem auf die Bildung des Participe passé (P. p.).

Regel 2

march**er** → march**é**
achet**er** → achet**é**
travaill**er** → travaill**é**

1. Die Verben auf ***-er*** bilden das P.p. auf ***-é***.

chois**ir** → chois**i**
fin**ir** → fin**i**
dorm**ir** → dorm**i**

2. Die meisten Verben auf ***-ir*** bilden das P.p. auf ***-i***.

atten**dre** → atten**du**
ren**dre** → ren**du**
répon**dre** → répon**du**

3. Die meisten Verben auf ***-dre*** bilden das P.p. auf ***-u***.

Tabelle 2

		Passé composé	
		avoir +	Participe passé
manger	(tu)	as	mangé
finir	(elle)	a	fini
répondre	(nous)	avons	répondu

Übung D1

Wir wollen die Sache gleich einmal ausprobieren. Am besten deckst du die Beispiele und die Übersicht ab und beantwortest dann die Fragen ohne nachzusehen.

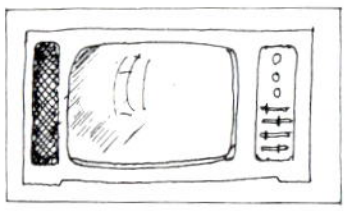

1. Papa a acheté une radio?

   Non, il a acheté une télé. ....

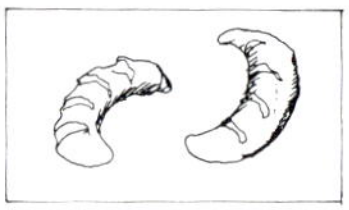

2. Les garçons ont mangé des frites?

   Non, ...

3. Vous avez réparé le vélo?

   Non, nous ....

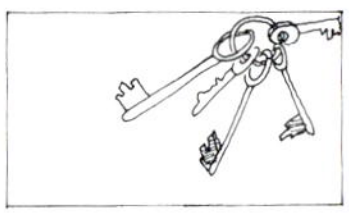

4. Tu as cherché ton stylo?

   Non, ...

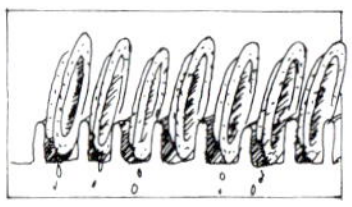

5. Il a lavé les verres?

   Non, mais ....

Übung D2

Setze die folgenden Sätze ins Passé composé.

Un matin chez la famille Dupont

1. A 8 heures, Papa (téléphoner) a téléphoné au bureau.
2. A 8 heures et quart, nous (manger) .... dans la salle à manger.
3. Après, Monique et moi, nous (écouter) .... des CD.
4. Didier et Maman (acheter) .... des tomates pour le déjeuner.
5. A 11 heures, (préparer) j' .... le déjeuner et (ranger) j' .... la cuisine.
6. A midi, nous (déjeuner) .... ensemble.

Übung D3

Wähle das passende Verb aus und setze es ins P. c.:
choisir – dormir – finir – servir[1] – remplir[2]

1. Tes amis font encore leurs devoirs. Tu attends. Enfin ils arrivent. Tu demandes: «Alors, vous ...avez... enfin ...fini...?»
2. Leïla et Mme Ben-Kassem ont fait des achats. Tu demandes: «Alors, qu'est-ce que Leïla ...., le Levis 501 ou la robe rouge?»
3. Tu arrives au café. Tes amis sont déjà là. Tu leur demandes: «Alors, le garçon .... déjà .... les boissons?»
4. Tu as soif et tu as demandé quelque chose à boire. Tu dis: «Ah, Philippe, tu .... mon verre! C'est sympa, merci!»
5. Le matin, maman arrive dans la chambre de Monique. Maman: «Bonjour, ma petite! Tu .... bien ....?»

1 *servir:* dienen, bedienen, servieren • 2 *remplir:* füllen, voll machen

Übung D4

Setze die folgenden Sätze ins P. c.

1. Tu (entendre) .... le bruit?
2. Est-ce que vous (répondre) .... à vos correspondants?
3. Ils (vendre) .... leur voiture?
4. Où est-que Pierre (perdre) .... son porte-monnaie?

Wenn du in den Übungen 2–4 jeweils nicht mehr als einen Fehler gemacht hast, kannst du getrost weitermachen: Denn dann ist es überhaupt kein Problem für dich, wenn wir die Verben auf *-er*, *-ir* und *-dre*, die wir bis jetzt einzeln geübt haben, in der nächsten Übung mischen.

Übung D5

Setze die Verben ins P. c.

Avant le départ en vacances

1. Papa, tu (acheter) ...as acheté... les tickets?
2. Maman, tu (écouter) .... la météo[1]?
3. Alors, les enfants, vous (choisir) .... les pulls?
4. Nadine, tu (rendre) .... les cassettes?
5. Et est-ce que tu (changer) .... de l'argent?
6. Est-ce que Papa (remplir) .... la thermos[2]?

1 *la météo:* Wettervorhersage • 2 *la thermos:* Thermoskanne

Keine Regel ohne Ausnahme!

Einige der am häufigsten gebrauchten Verben bilden ein unregelmäßiges P. p. Diese Verben musst du einfach lernen, daran führt kein Weg vorbei; aber dafür brauchst du ja bei jedem Verb auch nur diese einzige Form, um das P. c. in allen Personen zu bilden!

Tabelle 3

machen, tun	faire	→	j'ai	fait
sagen	dire	→	nous avons	dit
schreiben	écrire	→	il a	écrit
nehmen	prendre	→	elles ont	pris
verstehen	comprendre	→	tu as	compris
legen, setzen, stellen	mettre	→	j'ai	mis
lesen	lire	→	vous avez	lu
sehen	voir	→	nous avons	vu
trinken	boire	→	elle a	bu
müssen, sollen, schulden	devoir	→	ils ont	dû
können	pouvoir	→	j'ai	pu
wissen, können	savoir	→	il a	su (s. Tipp)
wollen	vouloir	→	nous avons	voulu
öffnen	ouvrir	→	tu as	ouvert
anbieten, schenken	offrir	→	elle a	offert

TIPP

Wenn du das P. c. von *savoir* verwendest, dann achte darauf, dass ***j'ai su*** nicht „ich wusste", sondern **„ich habe erfahren"** bedeutet!!!

Unregelmäßig sind aber nicht nur die eben aufgezählten Verben, sondern auch die beiden **Hilfsverben *avoir* und *être*:**

Tabelle 4

avoir	il	a	eu	er	hat	gehabt
être	elle	a	été	sie	ist	gewesen

TIPP

Anders als im Deutschen wird im Französischen auch *être* mit *avoir* verbunden!
il **a** été → er **ist** gewesen

Alle diese Ausnahmen müssen gelernt werden – da hilft auch kein Tipp und kein Trick mehr! Bevor du aber mit den Übungen beginnst, überprüfe doch schnell einmal, ob du die unregelmäßigen P. p.-Formen schon kannst. Decke dazu die letzte Spalte der Tabelle 3 ab!

Und nun zu den Übungen.

Setze die folgenden Formen ins P. c. Wir haben jetzt regelmäßige und unregelmäßige Verben gemischt.

Übung D6

1. je mange
2. elle parle
3. il fait
4. nous dormons
5. tu choisis
6. vous êtes
7. j'entends
8. ils peuvent
9. tu attends
10. vous lisez
11. je suis
12. vous prenez
13. ils mettent
14. je vends
15. elles achètent
16. on travaille
17. ils ont
18. elle veut
19. je vois
20. vous écrivez
21. ils disent
22. ils ouvrent

2. Die Verneinung beim Passé composé

D

Die Verneinung kennst du ja schon, zur Erinnerung kannst du dir auch nochmal das Kapitel B ab S. 58 ansehen. Doch wie sieht eigentlich ein verneinter Satz im Passé composé aus?

Il a parlé? — Non, il n' **a** pas parlé.

Vous avez compris? — Non, nous n' **avons** pas compris.

Regel 3

Im Französischen besteht die Verneinung aus zwei Teilen:
ne + **Verneinungswort** (z. B. *pas, plus, rien, jamais* etc.).
Diese beiden Teile legen sich wie eine **Klammer** um das konjugierte Verb, im Passé composé also um das **Hilfsverb** ***avoir*** bzw. ***être***.

Gib eine verneinte Antwort im P. c.

Übung D7

1. Qu'est-ce que tu as dit? – Je (parler) n' ai pas parlé.
2. Où est ta sœur? – Je ne sais pas, elle (téléphoner) ....
3. Tu as téléphoné à Jean-Marc? – Oui, mais il (répondre) ....
4. Où sont les enfants? – A table – ils (finir) ....
5. Qu'est-ce qu'elle fait à New York? – Elle (écrire) ....
6. Qui a gagné le match? – Aucune idée[1], nous (regarder la télé) ....

....

7. Qu'est-ce que tu penses de «Dracula»? – Je (voir) .... le film.

8. Vous désirez[2], messieurs? – Nous (choisir) ....

1 *aucune idée:* keine Ahnung! • 2 *désirer:* wünschen

Übung D8

Bevor wir zum 3. Abschnitt des Kapitels über das Passé composé kommen, schlagen wir dir eine ganz besonders knifflige Übung vor – ein Kreuzworträtsel. Es ist zwar nicht so schwierig wie die normalen französischen Kreuzworträtsel – die kann wahrscheinlich selbst dein(e) Lehrer(in) nur mit größter Mühe lösen –, aber es hat's schon in sich. Manche Wörter wirst du wahrscheinlich nicht kennen, aber viele ergeben sich von selbst, wie man das eben aus Kreuzworträtseln kennt. Wenn du's nicht schaffst, macht das überhaupt nichts – wir haben dabei an Schüler(innen) gedacht, die mindestens schon zwei Lernjahre Französisch hinter sich haben ...

Horizontalement *(waagerecht):* (1) participe passé (P. p.) de «vouloir» (4) Je vais, tu ..., il va (6) Qui est-ce? – Je ... sais pas (7) Stop! Le ... est au rouge! (9) deux kilos ... sucre (10) cette femme – ... monsieur (11) P. p. de «mettre» (12) A l'église[1], on dit souvent ... (en France comme en Allemagne!) (13) Voilà mon père et ... mère (15) P. p. de «savoir» (16) P. p. de «dire» (18) P. p. de «faire» (21) P. p. de «lire» (22) belles fleurs rouges (24) Il ne vient ... (26) Je prends une ... minérale (27) Le *Bodensee* s'appelle en français le ... de Constance (28) vieux canton suisse (29) il a – ils ... (30) Elle habite à Marseille, ... France (31) Tu ne viens pas ce soir? – Mais ..., je viens! (32) Sur une voiture française, il y a F, sur une voiture hollandaise il y a ... (35) Je me lave – tu ... laves (37) j'ai – tu ... – il a (38) P. p. «ouvrir» (40) 7 ... 7 font 14 (41) la table est ... et les chaises sont là (42) P. p. d'«avoir » (44) Quel est le ... de ces tomates? – 5 francs le kilo! (46) nord, sud, ... ouest (49) Elle a quel âge? – Elle est ... en 1952 (51) Les ... de notre voiture sont de Michelin. (53) P. p. d'«écrire» (54) prénom de fille.

Verticalement *(senkrecht):* (1) je vais, tu vas, il ... (2) un citron – ... pomme (3) article (4) P. p. de «voir» (5) P. p. de «venir» (nachsehen auf S. 95) (7) le début ≠ la ... (8) je suis, tu ..., il est (9) j'achète ... fruits au marché (10) Salut! ... va? (12) Bonjour, papa! Voilà Marc et Jean-Claude, mes ... (13) mars, avril, ... juin (14) Jean-Claude Dubiel (13 ans) est le ... de M. et Mme Dubiel (17) j'ai choisi – ... as choisi (18) Hambourg est en Allemagne, Lyon est en ... (19) le mois des vacances en France (20) Tu as vu le film hier soir à la ...? (23) On le dit quand on boit avec des amis (24) P. p. de «prendre» (25) il a – tu as – j' ... (28) Washington est la capitale des ... (32) petit fruit; on le trouve souvent dans le chocolat (33) prénom de garçon (34) P. p. d'«être» (36) infinitif de la forme «nous sommes» (39) nous venons – il ... (43) *«eins»* en français (45) Dans la ..., il y a des voitures, des motos, des autobus et des piétons (47) Le matin, elle ... lève à 7 heures (48) voir no. 17! (50) «un» (article) en allemand (51) le chiffre «3.14» s'appelle ... (On trouve ça aussi sur les voitures qui viennent de Pinneberg!) (52) Moi, j'ai apporté mon CD de Francis Lalanne, et Monique a apporté ... cassette des «Nègres Verts»

1 *l' église* (f.): Kirche

3. Das Passé composé mit *être*

D

Qu'est-ce que tu as fait, Patrick? – Je suis sorti avec Marie-France.

Nous sommes allés au cinéma.

Nous sommes rentrés tard.

Du erinnerst dich wahrscheinlich daran – wir haben oben schon davon gesprochen (S. 87):

Nicht alle Verben bilden das Passé composé mit *avoir*.

Regel 4

Die meisten Verben bilden das Passé composé mit *avoir*.
Einige Verben aber bilden es mit *être*.
Diese Verben drücken meistens die **Richtung einer Bewegung** aus.

Das lässt sich nun mit einem einfachen Trick ziemlich leicht merken – sieh dir dazu das folgende „Bewegungshaus“ an:

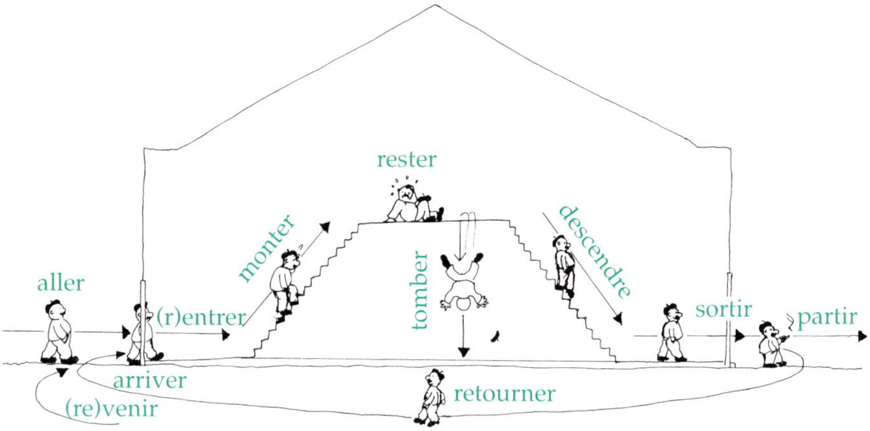

Und jetzt stell dir vor: Du **gehst** auf das Haus zu *(aller)* und **kommst an** *(arriver)*. Du **trittst ein** *(entrer)*, **gehst** die Treppe **hinauf** *(monter)*, **bleibst** kurz oben stehen *(rester)*, **gehst** wieder **hinunter** *(descendre)* – oder du **fällst** hinunter *(tomber)*, da gefällt es dir gar nicht mehr und deshalb **gehst** du **aus** dem Haus *(sortir)*, **gehst weg** *(partir)* – aber nach einiger Zeit willst du doch **zurückkehren** *(retourner)*; man bittet dich: „**Komm** doch (**zurück**)!“ *([re]venir)* und du beschließt, wieder **nach Hause** zu **gehen** *(rentrer)*.

Und wenn du dieses Haus im übertragenen Sinn als das „Haus des Lebens“ ansiehst, dann kommen noch zwei Verben hinzu: ***naître*** (geboren werden) und ***mourir*** (sterben, „aus dem Leben hinausgehen“). Beide Verben wirst du überwiegend im Passé composé vorfinden, und zwar vor allem in den Formen ***je suis né(e)*** usw. (ich bin geboren) bzw. ***il/elle est mort/e*** (er/sie ist gestorben).

Und nun eine gute Nachricht: Abgesehen von diesen beiden leicht zu merkenden Verben und einer einzigen weiteren Ausnahme, zu der wir gleich kommen, haben alle diese Verben ein regelmäßiges P. p.!

Deshalb solltest du mit der folgenden Übung auch keine Schwierigkeiten haben.

Setze die folgenden Formen ins Passé composé.

Übung D9

1. il entre il est entré	6. il sort ....
2. il monte	7. il descend ....
3. il reste	8. il part ....
4. il arrive	9. il retourne ....
5. il tombe	10. il va ....

Bisher war also alles „im grünen Bereich" – alles regelmäßig. Nun aber zu der einzigen unregelmäßigen Form (wenn wir einmal von *il est né* und *il est mort* absehen):

Das P. p. von *venir* lautet ***venu***.

Damit kannst du auch noch die beiden restlichen Formen ins P. c. setzen:

11. il vient	12. il revient ....

Vielleicht ist dir aufgefallen, dass wir in der letzten Übung nur die Formel «*il* …» benutzt haben.

Warum??

Weil es bei den Verben, die das P. c. mit *être* bilden, nicht egal ist, wer etwas getan hat. Achte deshalb in der folgenden Tabelle jeweils auf das Subjekt des Satzes und die Endung des P. p. Fällt dir etwas auf?

Tabelle 5

	m.	f.
Sg.	il est allé	elle est partie
Pl.	les garçons sont descendus	les filles sont sorties

Du hast sicher gleich gesehen, dass das P. p. sich da verändert, wo das Subjekt im Plural steht oder weiblich ist. Diese Veränderungen sind die gleichen, wie du sie wahrscheinlich schon beim Adjektiv kennen gelernt hast:

	m.	f.
Sg. Pl.	**il** est grand **ils** sont petit**s**	**elle** est joli**e** **elles** sont blond**es**

Halten wir demnach als Regel fest:

Regel 5

Die Verben der **Bewegungsrichtung** bilden das Passé composé mit ***être***. Dabei richtet sich das **Participe passé** nach dem **Subjekt**:
Ist das Subjekt weiblich, wird an das Participe passé ein *-e* angehängt.
Steht das Subjekt im Plural, wird bei männlichem Subjekt ein *-s*, bei weiblichem *-es* angehängt.

Übung D10

Unten findest du Sätze im P. c. mit Verben, die das P. c. mit *être* bilden. Kreuze in den Kästchen rechts an, ob es sich um eine Frau , mehrere Frauen , einen Mann  oder mehrere Männer  handelt.

1. Je suis allée à Paris.	×			
2. Nous sommes venues à 10 heures.				
3. Tu es sorti?				
4. Vous êtes rentrés tard.				
5. Je suis tombé.				
6. Tu es descendue très vite.				
7. Nous sommes restées à la maison.				
8. Vous êtes partis seuls?				

Übung D11

Die folgende kleine Geschichte sollst du jetzt in die Vergangenheit setzen. Drei Fragen können dir dabei weiterhelfen, wenn dir die richtige Lösung nicht gleich einfällt:

- Wie heißt das P. p.?
- Ist das Subjekt männlich oder weiblich?
- Steht es im Singular oder Plural?

Paris – le tour classique. Jean-Luc raconte.

1. Mardi, nous (aller) ....sommes allés.... à l'Arc de Triomphe.

2. Nous (monter) .... pour regarder le panorama[1].

3. Puis nous (descendre) .... et 15 minutes après, nous (arriver) .... sur la Place de la Concorde.

4. Ensuite nous (entrer) .... dans l'Eglise de la Madeleine.

5. Quand nous (sortir) ...., Simone a vu un garçon super (dit-elle ...), elle n'a pas fait attention et paf! elle (tomber) ....

6. Elle a eu mal au pied, alors, elle (rester) .... au café,

7. et moi, je (rester) .... avec elle, bien sûr.

8. Daniel et Saïd (aller) .... au Louvre – (au fond[2] ils n'aiment pas les musées, mais le Louvre, c'est cool!)*.

* *Für französische Jugendliche ist im Moment alles „cool", genauso wie für die deutschen; ob das im Jahr 2010 auch noch so sein wird, wird sich zeigen ...*

9. Mais pas de chance[3] – ils (ne pas entrer) .... parce que le Louvre est fermé le mardi!

10. Alors, ils (rentrer) .... à l'hôtel pour regarder «Astérix et Cléopâtre» à la télé ...

1 *le panorama:* Aussicht • 2 *au fond:* eigentlich • 3 *pas de chance!:* Pech gehabt!

Wahrscheinlich sind die Verben der Bewegungsrichtung inzwischen kein Problem mehr für dich. Auf eines aber wollen wir doch noch ausdrücklich hinweisen, weil hier oft Fehler gemacht werden:

„Gehen“ *(aller)* und „zu Fuß gehen“ *(marcher)* ist nicht das Gleiche!
Aller gibt die Bewegungs**richtung** an: **Wohin** bewege ich mich?
Marcher bezeichnet dagegen eine Bewegungs**art**: **Wie** bewege ich mich?

Regel 6

Verben, die eine **Bewegungsart** ausdrücken (laufen, schwimmen, zu Fuß gehen, springen, fliegen usw.) werden im Passé composé mit ***avoir*** verbunden.

Also:

Tabelle 6

zu Fuß gehen	marcher	→	nous	avons	**marché**
laufen, rennen	courir	→	elle	a	**couru**
schwimmen	nager	→	vous	avez	**nagé**
springen	sauter	→	j'	ai	**sauté**

Il a couru.

Präge dir diese Verben besonders gut ein! Man kann sich hier leicht vertun, da wir im Deutschen sagen: „Ich **bin** gelaufen, ich **bin** gesprungen, sie **ist** geschwommen, wir **sind** zu Fuß gegangen“. Aber eigentlich müsste dir das völlig klar sein, wenn du an unser „Bewegungshaus“ denkst: Die Verben der Bewegungsart gehören ja eindeutig nicht zu den Verben im Haus!

Übung D12

Florian hat eine Reise an die Côte d'Azur gemacht und schreibt nun seinem französischen Brieffreund Adrien einen Brief.

Cannes, le 27 juillet

Cher Adrien,
me voilà enfin à Cannes. 1. Après un long voyage, nous (arriver) sur la Côte d'Azur.
2. Le premier matin déjà, je (descendre) à la plage – l'eau est vraiment super! 3. Je (nager) une demi-heure, 4. après, je (marcher) un peu sur la plage. 5. Je (rencontrer) trois filles de notre groupe. 6. Elles ne sont pas très sympa, mais l'une – elle s'appelle Samira – m' (inviter) à boire quelque chose. 7. Alors, nous (aller) au Bar de la Plage 8. et je (prendre) un coca. 9. C'est très cher en France, mais comme[1] c'est elle qui (payer), 10. je (ne pas dépenser) mon argent. (Je pense qu'elle veut sortir avec moi, mais moi, je ne veux pas …)
11. Je (quitter) les filles 12. parce que je (voir) un groupe de jeunes jouer au beach-volley. 13. Je (regarder) un peu 14. et je (rester) comme ça vingt minutes 15. quand, tout à coup, j' (entendre) une jeune fille: «Salut, Florian!» 16. Je (tourner) la tête 17. et je (voir) – Désirée, mon amie de Heidelberg.

18. Nous (parler) des vacances, de l'école, 20. elle me (montrer) des photos, 21. nous (nager) un peu ensemble 22. et à cinq heures, nous (rentrer) – ensemble … 23. Je ne te raconte pas ce que nous (faire) le soir, mais je te jure[2] 24. que la soirée[3] (être) longue …

C'est tout pour aujourd'hui.
A bientôt, j'espère Florian

1 *comme* am Anfang eines Satzes: weil
2 *je te jure:* ich schwöre dir
3 *la soirée:* Abend (Verlauf des Abends)

Hast du Satz 7 richtig?
Nous (= Samira + Florian) sommes allé**s**.
Wenn sich in einer Gruppe auch nur ein einziges männliches Wesen befindet, muss die **männliche Form** des P. p. verwendet werden!

Die folgende Aufgabe solltest du eigentlich auch ohne größere Schwierigkeiten lösen können. Wenn du den folgenden Text ins Passé composé setzt, entsteht ein Gedicht des berühmten französischen Dichters Jacques Prévert (1900–77). Einige Wörter, die du wahrscheinlich nicht kennst, haben wir erklärt.

Déjeuner du matin

Übung D13

Il ....a mis.... le café (mettre)
Dans la tasse
Il .... le lait (mettre)
Dans la tasse de café
Il .... le sucre (mettre)
Dans le café au lait
Avec la petite cuiller[1]
Il .... (tourner[2])
Il .... le café au lait (boire)
Et il .... la tasse (reposer[3])
Sans me parler
Il .... (allumer[4])
Une cigarette
Il .... des ronds (faire)
Avec la fumée[5]

Il fait des ronds.

Il .... les cendres[6] (mettre)

Dans le cendrier[7]

Sans me parler

Sans me regarder …

Il ....s'est levé*.... (se lever[8])*

* Eine kleine Besonderheit! Davon ausführlich im Folgenden.

Il .... (mettre)

Son chapeau sur la tête

Il .... (mettre)

Son manteau[9] de pluie

Parce qu'il pleuvait[10]

Et il .... (partir)

Sous la pluie

Sans une parole[11]

Sans me regarder

Et moi, j' .... (prendre)

Ma tête dans ma main

Et j' .... (pleurer[12])

Nach Jacques Prévert, «Déjeuner du matin», aus: «Paroles». Paris 1972 (Erstausgabe 1949), Collection Folio 762, S. 147f., © Editions GALLIMARD

1 *la cuiller* (auch: *la cuillère*): Löffel • 2 *tourner:* umrühren • 3 *reposer:* heißt hier: hinstellen • 4 *allumer:* anzünden • 5 *la fumée:* Rauch • 6 *les cendres* (f.): Asche • 7 *le cendrier:* Aschenbecher • 8 *se lever:* aufstehen • 9 *le manteau:* Mantel • 10 *parce qu'il pleuvait:* weil es regnete • 11 *la parole:* Wort • 12 *pleurer:* weinen

4. Das Passé composé der reflexiven Verben

Eine Passé-composé-Form in der vorigen Aufgabe, die wir schon eingetragen haben, ist dir vielleicht aufgefallen:

Il **s'est** levé.

Wieso *s'est? Se lever* ist ein **reflexives Verb** *(verbe pronominal)*.
Erinnerst du dich an das reflexive Verb (vgl. Kapitel A 6)? Wenn dir das Folgende ganz unbekannt vorkommt, kannst du dieses Kapitel weglassen und gleich mit dem nächsten auf S. 104 weitermachen.

je	me	réveille	ich wache auf
tu	te	lèves	du stehst auf (erhebst dich)
il	se	lave	er wäscht sich
elle	s'	habille	sie zieht sich an
nous	nous	arrêtons	wir bleiben stehen
vous	vous	amusez	ihr amüsiert euch; habt Spaß
ils	se	dépêchent	sie beeilen sich
elles	se	couchent	sie gehen schlafen; legen sich nieder

Tabelle 7

Regel 7

Alle reflexiven Verben bilden das Passé composé ohne Ausnahme mit *être*.

Also:

je me suis réveillé

tu t' es levé

il s' est lavé

Und nun Achtung!

elle s' est habillée

nous nous sommes arrêtés

vous vous êtes amusés

ils se sont dépêchés

elles se sont couchées

Regel 8

Merke dir als Faustregel erst einmal:
Bei den **reflexiven Verben** richtet sich das **Participe passé** – wie bei den anderen mit *être* verbundenen Verben – im Allgemeinen in Geschlecht und Zahl nach dem **Subjekt** des Satzes.*

** Zu den wenigen Sonderfällen kommen wir später, auf S. 103.*

Probieren wir's gleich mal aus.

Übung D14

1. Elle se dépêche. Elle s'est dépêchée.
2. Il s'amuse. ....
3. (Monique dit): Je me lave. ....
4. Nous nous levons. ....
5. Vous vous amusez? ....
6. Les garçons ne se lavent pas. ....

Na, hast du in Satz 6 Schwierigkeiten mit der Verneinung gehabt?

Denk noch mal dran:

je	**ne**	me	suis	**pas**	levé
elle	**ne**	s'	est	**pas**	lavée
ils	**ne**	se	sont	**pas**	amusés

Regel 9

Die Reflexivpronomen (*me*, *te*, *se* usw.) gehören so eng zum Verb, dass sie innerhalb der Verneinungsklammer stehen.

Übung D15

Erzähle die folgende Bildergeschichte in der Vergangenheit. Die Verben, die du verwenden sollst, stehen unter den Bildern. Das Zeichen ⊖ bedeutet, dass du eine verneinte Form benutzen sollst.

La journée de Marie-Christine

se réveiller

Je me suis réveillée.

se lever

Je

aller à la salle de bains

se laver

appeler mon frère

se laver ⊖

Mon frère

descendre à la cuisine

Nous

prendre le petit déjeuner ⊖

Nous

de petit déjeuner.

partir pour l'école

Nous

se dépêcher ⊖

Mon frère ……………………

……………………

arriver trop tard

Nous ……………………

……………………

s'amuser à l'école

Je ……………………

……………………

rentrer

A 5 heures, ……………………

……………………

écouter de la musique

……………………

……………………

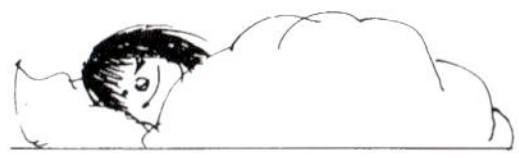

se coucher

Et à 10 heures, ……………………

……………………

Bei dem P.c. der reflexiven Verben gibt es allerdings eine wichtige Ausnahme:

Elle s'est lavée.
Elle s'est lavé les mains.

Wenn hinter dem Participe passé noch ein **direktes Objekt** steht, wird das P.p. nicht verändert!

TIPP

Du wirst das vor allem in Verbindung mit den Verben *se laver* und *s'acheter qc.* finden:

Ils se sont lavé les pieds. (Enfin!!)
Suzanne s'est acheté un pantalon chic.

Eine weitere Ausnahme findest du im folgenden Kapitel, mit dem wir das Thema Passé composé abschließen wollen.

5. Die Veränderlichkeit (der Accord) des Participe passé bei *avoir*

Wenn du noch nicht davon gehört hast, dass das P. p. nach *avoir* verändert werden kann, dann brauchst du den folgenden Abschnitt nicht durchzuarbeiten.

Zunächst eine gute Nachricht:
Du kannst weiter davon ausgehen, dass in den meisten Fällen, in denen das **P. c. mit *avoir*** gebildet wird, das **P. p. unverändert** bleibt (vgl. Tabelle 1).

Und nun die schlechte Nachricht:
Es geht auch hier nicht ohne **Ausnahme** – leider.

1. Tu **as** vu Annick et Patricia?
Annick et Patricia ist ein **direktes Objekt**. (Es heißt so, weil es direkt mit dem Verb verbunden wird, ohne dass eine Präposition dazwischen steht.) Im Deutschen fragst du zumeist: Wen bzw. was hast du gesehen? Das direkte Objekt steht direkt **hinter dem Verb *as***.

2. Oui, je les **ai** vu**es**.
Hier steht das **direkte Objekt vor dem Verb *ai***. Mit *les* sind wieder *Annick et Patricia* gemeint, also mehrere weibliche Wesen. In einem solchen Fall (natürlich auch bei weiblichen Dingen ...!) bekommt das P. p. die Endung ***-es:* vu → vues**.

Größte Aufmerksamkeit also, wenn ein direktes Objekt nicht hinter, sondern vor dem Verb im Passé composé steht.

Regel 10

Wenn im **Passé composé** vor dem Verb ein **direktes Objekt** steht, so kann es sein, dass das **Participe passé verändert** wird:
- Ist das **Objekt weiblich** und **Singular**, wird ein ***-e*** angehängt.
- Steht das **Objekt** im **Plural**, wird bei weiblichen Objekten ***-es*** angehängt, sonst ein ***-s***.

Diese Veränderlichkeit nennt man den **Accord**.

In welchen Fällen kann das direkte Objekt denn überhaupt vor dem Verb stehen?

1. Tu as pris la photo? – Oui, je **l'** ai prise.	Objektpronomen: *le/la/les*
2. Voilà les lunettes (f) **que** j'ai choisies.	Relativpronomen: *que*
3. Combien de verres est-ce que Luc a bus? Quelle porte est-ce que tu as ouverte?	*Combien de* / *Quel(s), quelle(s)* } + Substantiv

Tabelle 8

Benutzt du also das P. c. mit *avoir*, so musst du dir folgende Fragen stellen:

1. Geht dem Verb im P. c. ein direktes Objekt voraus?
2. Wenn ja: Ist das direkte Objekt weiblich oder männlich?
   Steht es im Singular oder im Plural?

Regel 11

Diese Regel gilt auch für reflexive Verben!

Voilà les cassettes **que** Marc s'est achetées.

In der Praxis wirst du das vor allem bei den Verben *s'acheter qc.* und *se laver* finden.

Wir überprüfen jetzt gleich einmal, ob du das alles verstanden hast.

Übung D16

Der Accord des P. p. bei vorausgehendem Objektpronomen.
Beantworte die Fragen im Passé composé.

Dominique ist ein Vielfraß: Er hat alle Vorräte vertilgt …

1. Dominique, où sont les croissants?

   – Oh pardon, je les ai mangés.
2. Et les tomates? .... aussi …
3. Et la viande? ....
4. Et le gâteau? ....
5. Mais où est le lait? Je l'ai bu.
6. Et l'eau minérale? ....
7. Et les autres boissons? ....

Ça alors! Tu es vraiment goinfre[1]!

1 *goinfre:* gefräßig

Übung D17

Der Accord des P. p. bei vorausgehendem Relativpronomen.
Vervollständige die Fragen im P. c.

Marc ne sait jamais où sont ses affaires

1. Boris lui a prêté une cassette.

   – Où est la cassette que Boris m'a prêtée ?
2. Son grand-père lui a acheté deux T-shirts.

   – Où sont les nouveaux T-shirts que grand-père ....?
3. Papa lui a apporté des B. D. (bandes dessinées).

   – Où sont les B. D. que papa ....?
4. Pour la boum samedi soir, il a déjà choisi les CD.

   – Où sont les CD que j' .... pour la boum?

Übung D18

Der Accord des P. p. bei vorausgehendem Fragewort *quel(s)*, *quelle(s)* etc. sowie *combien de*.
Setze ins P. c.

A la police

1. Quelle porte est-ce que le voleur (ouvrir) ....?
2. Quelle voiture est-ce qu'il (prendre) ....?

3. Combien de francs est-ce qu'il (voler) ....?

4. Combien de personnes avez-vous (voir) .... dans la voiture?

Übung D19

Noch einmal der Accord des P. p. bei vorausgehendem Objektpronomen. Antworte im P. c.

1. Alors, Brigitte, range tes affaires. – Mais Papa *les a déjà rangées.*

2. Alors, lave les verres. – Mais Papa ....

3. Alors, repasse[1] les chemises. – Mais Papa ....

4. Alors, prépare la salade. – ....

5. Alors, mets la table. – ....

6. Alors, fais les steaks. – ....

Mais comment ça? Pourquoi est-ce que Papa fait tout ça? –
Tu sais bien qu'il est professeur – alors il n'a rien à faire!

1 *repasser:* bügeln

Jetzt mischen wir nochmals alle Möglichkeiten!

Übung D20

Setze im folgenden Text die Verben ins P. c.

Une lettre

Chère Françoise,

1. je pense toujours avec plaisir aux belles journées que nous (passer) *avons passées* ensemble.

2. Toutes ces excursions[1] que nous (faire) ...., tous ces beaux magasins que tu (montrer) m' .... Fantastique!!!

3. Je t'envoie les photos que (prendre) j' ....

4. Et tes photos? Tu les (mettre) .... déjà .... dans l'album?

5. Le voyage n'a pas été très agréable. Je n'ai pas aimé les gens que (rencontrer) j' ...., les saucisses froides que (acheter) j' .... et la limonade que (prendre) j' .... au wagon-restaurant.

6. Je ne trouve plus mes chaussures de tennis. Je crois que je les (oublier) .... dans ta chambre.

7. Tu les (trouver) ....?

8. N'oublie pas les prospectus de Paris que tu (promettre) m' ....

....

J'espère avoir bientôt de tes nouvelles

Amitiés
Brigitte

1 *l'excursion* (f.): Ausflug

Bevor wir nun zur Abschlussübung kommen, noch eine Bemerkung zu dem eben behandelten Thema – Veränderlichkeit (Accord) des Participe passé bei *avoir*. Im täglichen Gebrauch vergessen die Franzosen selbst oft diesen Accord; weil aber leider in der Schule die meisten Französischlehrer immer noch großen Wert auf die Einhaltung dieser Regeln legen (müssen), haben wir uns so ausführlich damit befasst.

Übung D21

Doch nun zur **ABSCHLUSSÜBUNG.**

Wir haben hier alle Teilkapitel zum Thema Passé composé eingebaut: Das P. c. mit *avoir* und mit *être*, regelmäßige und unregelmäßige Verben, reflexive Verben und den Accord des P. p. bei Verben, die mit *avoir* verbunden sind. Es handelt sich um eine kleine Kriminalgeschichte.

Setze die eingeklammerten Verben in die Lücken ein – natürlich im Passé composé! –, ein Wort pro Strich. Bei verneinten Sätzen findest du demnach auch je einen Strich für *ne* und einen für *pas*.

Montpellier, café de la Poste

1. M. Muscadet (entrer) ...est... ...entré..., un journal à la main.
2. Il (saluer) .... les amis.

– Bonjour!
– Salut, Jules! Mais qu'est-ce qu'il y a? Tu es malade?
– Ah non, les amis, mais quelle histoire! Regardez le journal: on ne dit pas mon nom, mais c'est moi, moi!

– Allez! Raconte!
– Eh bien, alors, hier soir, je suis dans ma voiture pour aller à Brest où habite la famille de ma femme.

3. Tout à coup, (voir) j' .... une grosse[1] voiture noire, avec trois hommes.

4. Et la fille que (voir) j' .... aussi – pas mal!

5. (se dire) Je ....: «Jolie, la petite. Mais pourquoi est-ce qu'elle dort?»

6. Cela (intéresser) m' .... , alors, je (rester) .... derrière la voiture noire,

7. et (dépasser[2]) je ne l' .... pas ....

8. (allumer[3]) J' .... la radio, et (entendre) j' .... le speaker: «Attention! Attention!

9. Des bandits dangereux (voler) .... la caisse[4] du grand magasin Petitprix.

10. (prendre) Ils .... peut-être .... la route de Brest.

11. La jeune fille qu'ils (enlever[5]) ...., c'est la fille du directeur, Mademoiselle Louise Puce. Attention, ils ont des revolvers!»

Les bandits! Là, dans la grosse voiture avec la jeune fille – pas de temps à perdre!

12. Vous savez, moi, j'ai une très bonne voiture, et alors, (s'approcher[6]) je .... des bandits.

13. Ils (ne pas me voir) ...., et nous (arriver) .... à Brest.

14. Les bandits (prendre) .... la direction de la plage,

15. et ils (s'arrêter) .... à quelques mètres de la mer.

16. Je (descendre) .... de ma voiture, et à ce moment-là,

17. les bandits (me voir) .... et ils (partir) .... à pied, mais à toute vitesse[7].

18. Alors, (ouvrir) j' .... la portière de leur voiture et (trouver) j' .... la jeune fille – nerveuse, mais pas blessée[8].

19. (aller) Nous .... au commissariat,

20. et peu après, les journalistes (venir) ....

21. Alors, je (leur raconter) .... l'aventure[9], bien sûr.

– Mais ça alors! Bravo, Jules! Tu es un héros[10]! A ta santé!

22. Les amis (lever) .... les verres, quand, tout à coup,

23. la porte (s'ouvrir) .... et Mme Muscadet (entrer) .... dans le café.

– Ah, tu es là, Jules! Ecoute: notre voiture est enfin réparée. Demain, nous pouvons l'avoir. Ce n'est quand même pas trop tôt[11]: Ça fait plus d'une semaine maintenant qu' on attend!

24. (se regarder) Les amis .... quelques secondes,

25. puis ils (comprendre) .... et (commencer) .... à rire.

26. M. Muscadet, lui, (partir) .... avec sa femme, sans rien dire,

27. (ne plus jamais[12] revenir) et il .... dans ce café ...

1 *gros, se:* dick; groß • 2 *dépasser:* überholen • 3 *allumer:* anzünden; (Radio etc.) einschalten • 4 *la caisse:* Kasse • 5 *enlever:* entführen • 6 *s'approcher:* sich nähern, näher herankommen • 7 *à toute vitesse:* in höchster Eile; so schnell wie möglich • 8 *blessé, e:* verletzt • 9 *l'aventure* (f.): Abenteuer • 10 *le héros:* Held • 11 *Ce n'est quand même pas trop tôt!:* Das war aber jetzt wirklich höchste Zeit! • 12 *(ne) plus jamais:* nie wieder

Zusammenfassende Übersicht: Das Passé composé

D

1. Die Bildung des Passé composé — S. 86

Das Passé composé (P. c.) wird aus einem **Hilfsverb** (meist *avoir*, manchmal auch *être*) und dem **Participe passé** (P. p.) gebildet. → Regel 1, Tabelle 1–2

Die Verben auf *-er* bilden das P. p. auf *-é:* march**er** → j' ai march**é** → Regel 2
Die meisten Verben auf *-ir* bilden das P. p. auf *-i:* chois**ir** → tu as chois**i**
Die meisten Verben auf *-dre* bilden das P. p. auf *-u:* enten**dre** → elle a entend**u**

Das P. p. der häufigsten unregelmäßigen Verben: siehe Tabelle 3 → Tabelle 3
Das P. p. von *avoir:* elle a *eu* → Tabelle 4
Das P. p. von *être:* elle *a été*

2. Die Verneinung beim Passé composé — S. 91

Die Verneinung legt sich wie eine **Klammer** um das konjugierte Verb, im Passé composé also um das Hilfsverb *(avoir / être)*. → Regel 3

Tu as parlé? – Non, je **n'** **ai** **pas** parlé.

3. Das Passé composé mit *être* — S. 93

Einige Verben bilden das Passé composé mit *être*. Diese Verben drücken die **Richtung einer Bewegung** (wohin?) aus: Je **suis** allé(e). – Elle **est** entrée. – Nous **sommes** parti(e)s. Sie lassen sich einem „Bewegungshaus" zuordnen: s. S. 94 → Regel 4

Bei diesen Verben der Bewegungsrichtung richtet sich das P. p. nach dem Subjekt: → Regel 5
Il est allé. → Elle est allé**e**. → Tabelle 5
Je suis parti. → Nous sommes parti**s**.
Ils sont descendus. → Elles sont descendu**es**.

Verben, die eine **Bewegungsart** ausdrücken (also z. B. „zu Fuß gehen", „laufen", „springen", „schwimmen", „fliegen" usw.) werden mit *avoir* verbunden. → Regel 6
marcher → nous **avons** marché; courir → elle **a** couru → Tabelle 6
nager → vous **avez** nagé; sauter → j' **ai** sauté

4. Das Passé composé der reflexiven Verben — S. 100

Wichtige reflexive Verben: je **me** réveille – tu **te** lèves – il **se** lave – elle **s'** habille – nous **nous** arrêtons – vous **vous** amusez – ils **se** dépêchent – elles **se** couchent → Tabelle 7

→ Regel 7 Die **reflexiven Verben** bilden ihr Passé composé ohne Ausnahme mit *être*.

→ Regel 8 Das P. p. richtet sich dabei in den meisten Fällen in Geschlecht und Zahl nach dem Subjekt des Satzes:

Il s' est réveillé. **Elle** s'est réveillé**e**.

Ils se sont couché**s**. **Elles** se sont couché**es**.

Ausnahme: Wenn hinter dem P. p. ein **direktes Objekt** steht, wird das Participe passé nicht verändert:

Elles se sont **lavé** les mains.

→ Regel 9 Die Reflexivpronomen (*me, te, se, nous, vous*) gehören so eng zum Verb, dass sie innerhalb der Verneinungsklammer stehen:

Elle (ne) **s'**est (pas) lavée.

5. Die Veränderlichkeit (der Accord) des P. p. bei *avoir* S. 104

→ Regel 10 Wenn vor dem mit *avoir* verbundenen P. p. ein **direktes Objekt** steht, das weibliche Personen oder Dinge bezeichnet oder in der Mehrzahl steht, verändert sich das P. p.:

Ist das **Objekt weiblich**, hängt man ein ***-e*** an:

Vous avez vu ma sœur? – Oui, je **l'** ai vu**e**.

Steht das **Objekt im Plural**, hängt man ein **-*s*** an oder, wenn die **Objekte nur weiblich** sind, ***-es:***

les voyages que nous avons fait**s** – les photos que tu as pris**es**

→ Tabelle 8 Mögliche vorausgehende direkte Objekte:

Tu as pris **la photo**? – Oui, je **l'** ai pris**e**.	→ Objektpronomen *le, la, les*
Voilà **les lunettes que** j'ai choisi**es**.	→ Relativpronomen *que*
Combien de verres est-ce que Yannick a bu**s**?	→ *combien de* + Substantiv
Quelle porte est-ce que tu as ouvert**e**?	→ *quel, quelle, quels, quelles*

→ Regel 11 Regel 10 gilt auch für reflexive Verben!

Tu sais où sont **les cassettes que** Patrick **s'**est achet**ées**?

(In der Praxis kommt das vor allem bei *s'acheter qc.* und *se laver* vor.)

Eingangstest: Die Possessivbegleiter

E

Setze jeweils einen Possessivbegleiter *(mein, dein, sein)* in die Lücken. Achte dabei auf den inhaltlichen Zusammenhang.

1. La fête

Véronique veut sortir ce soir. Elle va aller à la fête de .... amie Martine. Elle a mis .... pantalon jaune, ... chemise jaune, ... sweat violet et .... chaussures[1] blanches. Elle a pris aussi .... blouson jaune.

→ Kapitel E1

2. Une excursion[2]

Jean-Luc va faire une excursion avec .... copains. Ils veulent prendre .... vélos. .... professeur de sport veut venir aussi. .... parents veulent transporter[3] .... affaires[4], mais les jeunes veulent mettre .... affaires sur .... vélos.

→ Kapitel E2

3. A la maison

Mme Renard veut laver les vêtements de .... enfants. Elle les appelle.

– Patrick, Isabelle, apportez .... pulls, ... chemises et .... T-shirts.
Et où sont .... sweats?
Et puis, rangez .... chambre!

→ Kapitel E2

4. Pendant les vacances

– Vous me donnez .... adresse et .... numéro de téléphone, madame?
– Moi, j'habite à Leipzig, voici .... adresse et .... numéro de téléphone.

1 *les chaussures* (f.): Schuhe • 2 *l'excursion* (f.): Ausflug • 3 *transporter:* transportieren • 4 *les affaires* (f.): Sachen

→ Kapitel E2

E Die Possessivbegleiter oder: **mein …, dein …, sein …**

Sicher kennst du schon einige Begleiter, z. B. den bestimmten und den unbestimmten Artikel:

la chambre **un** professeur **des** amis

Sie begleiten immer ein Nomen. Nun lernst du einen weiteren Begleiter kennen, den Possessivbegleiter.

1. Die Possessivbegleiter der 1.–3. Person Singular (= ein Besitzer)

Der **Possessivbegleiter** (deutsch: *mein …, dein …, sein …*) drückt aus, dass jemand etwas **besitzt**, dass jemandem etwas **gehört**.

Voilà	mon	père.	Da ist	**mein**	Vater.
Voilà	ma	mère.	Da ist	**meine**	Mutter.
Voilà	mes	frères.	Da sind	**meine**	Brüder.
Et ça, c'est	ton	père?	Ist das	**dein**	Vater?
C'est	ta	mère?	Ist das	**deine**	Mutter?
Ce sont	tes	sœurs?	Sind das	**deine**	Schwestern?
Luc arrive avec	son	père.	Luc kommt mit	**seinem**	Vater.
Luc arrive avec	sa	mère.	Luc kommt mit	**seiner**	Mutter.
Luc arrive avec	ses	sœurs.	Luc kommt mit	**seinen**	Schwestern.

Es ist wichtig zu wissen, ob es sich um einen Besitzer *(mein …, dein …, sein …)* oder mehrere Besitzer *(unser …, euer …, ihr …)* handelt. Wir beschränken uns zunächst auf die Formen für einen Besitzer, also den Singular. Deshalb gab es bei den Beispielen oben jeweils nur einen Besitzer. In der folgenden Übersicht findest du nun die Possessivbegleiter, die sich auf nur einen Besitzer beziehen.

Tabelle 1

	ein Besitzer: ich (1. Person)		du (2. Person)		er/sie (3. Person)	
Sg.	mon	ma	ton	ta	son	sa
Pl.	mes		tes		ses	
	m.	f.	m.	f.	m.	f.

Wie du siehst, gibt es im **Singular** jeweils eine männliche und eine weibliche Form, im **Plural** aber nur eine Form für männliche und weibliche Nomen.

Schau dir nun noch einmal die letzten drei Beispielsätze auf S. 114 an. Sie verdeutlichen, dass der Possessivbegleiter sich in **Geschlecht** und **Zahl** nach dem „Besitz“ richtet, hier: *père, mère, sœurs:*

Luc arrive avec **son** père, **sa** mère et **ses** sœurs.

Regel 1

Der Possessivbegleiter für einen Besitzer richtet sich in **Geschlecht** und **Zahl** nach dem Nomen, bei dem er steht (= nach dem „Besitz“).

So, das müssen wir einmal ausprobieren.

Übung E1

Ordne die Possessivbegleiter zu.

	mon, ma, mes	ton, ta, tes	son, sa, ses
1.	.... bouteille (f.)	.... lettres (f.)	.... voiture (f.)
2.	.... cassettes (f.)	.... journal (m.)	.... timbre (m.)
3.	.... livre (m.)	.... CD (m.)	.... croissants (m.)
4.	.... pull (m.)	.... sacs (m.)	.... gâteau (m.)
5.	.... classe (f.)	.... table (f.)	.... pommes (f.)

Diese Übung ist dir sicher nicht schwer gefallen.

Jetzt aber Achtung! Es gibt einen Unterschied zum Deutschen.
Schau dir folgende Beispiele an:

Franz nimmt	sein	Glas.	François prend	son	verre.
Monika sucht	ihr	Glas.	Monique cherche	son	verre.

er	⟶	**sein**	il	⟶	**son**
sie	⟶	**ihr**	elle	⟶	**son**

Im Deutschen richtet sich der Possessivbegleiter der 3. Person nach dem Geschlecht des Besitzers (hier: Franz bzw. Monika), d. h., er ändert sich, je nachdem ob der Besitzer männlich oder weiblich ist (sein bzw. ihr).

Im Französischen spielt das Geschlecht des Besitzers (hier: François bzw. Monique) keine Rolle. Es unterscheidet nicht zwischen *sein* und *ihr*, sondern sagt in beiden Fällen *son*.

Regel 2

Die französischen Possessivbegleiter *son, sa, ses* haben im Deutschen jeweils zwei Entsprechungen: *sein / ihr, seine / ihre, seine / ihre.*

son père → sein Vater / ihr Vater

sa mère → seine Mutter / ihre Mutter

ses parents → seine Eltern / ihre Eltern

Übung E2

Üben wir nun den Possessivbegleiter einmal in zusammenhängenden Sätzen.

1. François a montré ....sa.... ville à ses amis allemands.
2. Monique cherche .... vélo (m.).
3. Jérôme rencontre .... copine (f.).
4. Tu as laissé .... timbres (m.) sur la table.
5. J'ai réparé .... télé (f.).
6. Emilie, est-ce que tu vas voir .... frère à l'hôpital?
7. Jean-Claude est parti avec .... sœur.

Übung E3

Auch du ärgerst dich sicher häufig über die vielen Hausaufgaben. Jean-Luc geht es ähnlich:

Toujours des devoirs!

1. Jean-Luc est dans ....sa.... chambre.
2. Il est devant .... table et fait .... devoirs.
3. Il pense à .... amis qui font un match de foot.
4. Il regarde .... livres de classe.
5. Il n'est pas content, mais il doit continuer parce que .... notes (f.) ne sont pas bonnes.

6. Voilà .... mère qui arrive.

7. – Pourquoi est-ce que tu ne joues pas avec .... amis?

8. – Mais maman, tu sais que je dois faire .... devoirs. Pense à M. Le Gall, ... professeur d'allemand. Il n'a pas été content de .... travail (m.).

9. – Mais écoute, tu ne peux pas toujours travailler. Prends .... vélo et va jouer avec .... copains. Je vais parler à .... professeur demain.

– Merci, maman. A tout à l'heure.

Auf eine Besonderheit musst du achten.
Schau dir folgende Beispiele genau an:

un ami → François attend son ami.

Nichts Ungewöhnliches. Aber Achtung!

une équipe → Monique aime son équipe.
une adresse → Vincent donne son adresse.

Ist dir etwas aufgefallen? Wenn nicht, dann vergleiche einmal das Geschlecht von *ami*, *équipe* und *adresse*.

Richtig!

Wenn das folgende Nomen mit einem **Vokal** oder **stummem** *h* (wie in *l'histoire*) beginnt, steht immer die **männliche Form** des Possessivbegleiters *(mon, ton, son)*. Man vermeidet so das Zusammentreffen von zwei Vokalen. Merke dir deshalb folgende Regel:

Regel 3

Die **weibliche Form** des Possessivbegleiters *(ma, ta, sa)* steht nur dann, wenn das folgende Substantiv weiblich ist und mit einem **Konsonanten** beginnt. In allen anderen Fällen steht die männliche Form *(mon, ton, son.)*

Um das zu verdeutlichen, müssen wir Tabelle 1 etwas verändern.

Tabelle 2

	ein Besitzer:		
	ich (1. Person)	du (2. Person)	er/sie (3. Person)
Sg.	frère sœur ma mon ami amie	frère sœur ta ton ami amie	frère sœur sa son ami amie
Pl.	frères sœurs mes amis amies	frères sœurs tes amis amies	frères sœurs ses amis amies
	m. f.	m. f.	m. f.

Übung E4

Machen wir dazu eine kleine Übung.

Le contrôle[1]

1. Caroline n'est pas contente de son professeur.
2. Elle fait toujours s........ devoirs, mais elle ne peut pas préparer s........ contrôle (m.), parce que le professeur n' explique pas bien.
3. Elle téléphone à s........ amie (f.) Alexandra.
4. – Tu as déjà fait t........ devoirs?
5. Oui, mais je ne comprends pas tout. Cet après-midi, je vois m........ copains et on va travailler ensemble. Tu veux venir aussi?
6. – T........ idée (f.) est très bonne.
7. Mais tu sais qu'aujourd'hui c'est m........ anniversaire (m.).
8. Toute m........ famille (f.) est là, m........ grands-parents aussi. Alors, je ne peux pas venir.

1 *le contrôle:* Klassenarbeit, Test

Beantworte die Fragen und verwende dabei die folgenden Wörter:
la voiture – les cahiers (m.) – le pantalon – l'ordinateur (m.) – l'hôtel (m.) – les livres (m.)

Übung E5

1. Tu as réparé ...ton... vélo?

   Non, j'ai réparé ...mon ordinateur....

2. Il cherche .... pull (m.)?

   Non, il cherche ....

3. Tu as trouvé .... cassettes?

   Oui, et j'ai trouvé aussi ....

4. Il prête[1] .... CD (m., Pl.)?

   Non, jamais, mais il prête ....

5. Elle t'a parlé de .... accident?

   Oui, et elle m'a parlé aussi de ....

6. Elle a vendu .... maison?

   Bien sûr, et elle a vendu aussi ....

1 *prêter:* ausleihen

La famille Trouvejamais fait un voyage[1]

Übung E6

Wie du auf dem Bild S. 120 sehen kannst, sind die Trouvejamais nicht gerade besonders ordnungsliebend. Aber offensichtlich macht ihnen das Suchen Spaß. Sie bereiten gerade ihre Ferienreise vor.

a) M. Trouvejamais cherche

1. .... carte,
2. .... billet pour le bus,
3. .... lunettes,
4. .... appareil photo[2],
5. .... chemise bleue,
6. .... argent,
7. .... sac à dos,
8. .... pantalon gris.

b) Hier nun der Dialog zwischen M. Trouvejamais und seiner Frau.

1. M. Trouvejamais: Mais où est .... carte?

   Mme Trouvejamais: .... carte? Elle est sur la table.

2. – Où est .... billet pour le bus?

   – .... billet? Mais il est ici, sous les livres.

3. – Où sont .... lunettes?

   – .... lunettes? Mais elles sont à la cuisine.

4. – Où est .... appareil photo?

   – .... appareil photo? Il est dans la voiture.

5. – Où est .... chemise bleue?

   – .... chemise bleue? Je ne sais pas.

6. – Où est .... argent?

   – .... argent? Mais tu n'as plus d'argent.

7. – Où est .... sac à dos?

   – .... sac à dos? Tu l'as donné à ton frère.

8. – Où est .... pantalon gris?

   – .... pantalon gris? Mais tu l'as mis[3].

1 *le voyage:* Reise • 2 *l'appareil photo* (m.): Fotoapparat • 3 *tu l'as mis:* du hast sie an

2. Die Possessivbegleiter der 1.–3. Person Plural (= mehrere Besitzer)

E

Bisher war immer nur von einem Besitzer die Rede. Betrachten wir jetzt einmal die Formen des Possessivbegleiters für mehrere Besitzer, also die **Pluralformen**:

Voilà	notre	nouvelle voiture.	Das ist	**unser**	neues Auto.
Vous avez	vos	cassettes?	Habt ihr	**eure**	Kassetten?
C'est	leur	problème.	Das ist	**ihr**	Problem.

In der folgenden Übersicht findest du alle Formen auf einen Blick. Schau sie dir einmal genau an:

Tabelle 3

	mehrere Besitzer:		
	wir (1. Pers. Pl.)	ihr (2. Pers. Pl.)	sie (3. Pers. Pl.)
Sg.	frère, sœur, ami, amie: notre	frère, sœur, ami, amie: votre	frère, sœur, ami, amie: leur
Pl.	frères, sœurs, amis, amies: nos	frères, sœurs, amis, amies: vos	frères, sœurs, amis, amies: leurs
	m. / f.	m. / f.	m. / f.

Wie du sehen kannst, gibt es bei mehreren Besitzern jeweils nur eine Form für den Singular und eine Form für den Plural. Das Geschlecht des folgenden Wortes spielt hier überhaupt keine Rolle. Du musst dich auch nicht darum kümmern, ob das Wort mit Vokal oder Konsonant anfängt. Das erleichtert die Sache doch deutlich, oder?

Fassen wir das in einer Regel zusammen:

Regel 4

Der Possessivbegleiter für **mehrere Besitzer** hat jeweils nur eine Form für den **Singular** *(notre, votre, leur)* und eine Form für den **Plural** *(nos, vos, leurs)*.

Übung E7

Avant le voyage

Patrice und Jérôme machen eine Reise in die USA. Zum ersten Mal haben sie ihre Koffer selbst gepackt. Natürlich ist ihre Mutter besorgt, ob sie auch an alles gedacht haben. Sie fragt noch einmal nach und die beiden Söhne zeigen ihr alles.

Setze jeweils einen Possessivbegleiter ein und achte darauf, ob das folgende Wort im Singular oder Plural steht.

1. – Vous avez mis .... pulls dans la valise[1]?

   – .... pulls? Les voilà.

2. – Mais où sont .... pantalons?

   – .... pantalons? Les voilà.

3. – Vous avez .... livres d'anglais?

   – .... livres d'anglais? Les voilà.

4. – Vous avez mis .... lunettes de soleil dans la valise[1]?

   – .... lunettes de soleil? Les voilà.

5. – Vous avez .... cadeau?

   – .... cadeau? Le voilà.

6. – Vous avez .... adresse?

   – .... adresse? La voilà.

7. – Vous avez pensé à .... papiers[2]?

   – .... papiers? Les voilà.

8. – Vous avez mis .... appareil photo dans la valise[1]?

   – .... appareil photo? Le voilà.

1 *la valise:* Koffer • 2 *les papiers* (m.): Papiere (Dokumente, Unterlagen)

An der Grenze müssen sie ihren Koffer öffnen und alles zeigen, was sie eingepackt haben.

Ils montrent .... pulls, ... pantalons, ... livres, ... lunettes de soleil, ... cadeau, ... papiers, ... appareil photo.

Bei dem Gebrauch der Possessivbegleiter darfst du eine Regel nicht übersehen:

Regel 5

Steht das folgende Substantiv im **Plural**, so muss der Possessivbegleiter ein *-s* am Ende haben *(mes, tes, ses, nos, vos, leurs).*

Übung E8

In der folgenden Übung darfst du einmal Lehrer spielen. Deine Schüler haben eine Arbeit über den Possessivbegleiter geschrieben und du sollst sie korrigieren.
Bei der Korrektur sollst du nur auf Regel 5 achten!
Welche Formen in der folgenden Übersicht sind demnach falsch? Streiche sie mit einem Farbstift ganz dick durch und setze die verbesserte Form rechts daneben. Hake in der mittleren Spalte alle richtigen Formen ab.

1. ~~notre pulls~~		nos pulls
2. leurs enfants	✓	
3. nos chambres		
4. notre paquets		
5. mon livres		
6. son papiers		
7. leur cassettes		
8. votre ateliers		
9. vos copains		
10. leur professeurs		

Die Regel 5 ist auch umgekehrt anwendbar:

Regel 6

Steht das folgende Substantiv im **Singular**, so darf der Possessivbegleiter kein *-s* am Ende haben *(mon, ton, son, notre, votre, leur).*

Pierre hat Recht: Wir müssen Tabelle 3 in einem Punkt ergänzen. Schau dir dazu zunächst folgende Beispielsätze an:

– Est-ce que vous avez votre porte-monnaie, madame?
(… Ihre Geldbörse …)
– Oui, oui, voilà mon porte-monnaie.

– Pardon monsieur, ce sont vos lettres?
(… Ihre Briefe …)
– Oui, c'est ça, ce sont mes lettres.

Regel 7

In der höflichen Anrede mit *vous* (deutsch: *Sie*) können sich die Possessivbegleiter *votre* und *vos* (deutsch: *Ihr, Ihre*) auch auf <u>einen</u> Besitzer beziehen.

Dazu eine kleine Übung.

Übung E9

A l'hôtel

Herr und Frau Bonvoyage übernachten in einem Hotel in der Nähe von Paris. Sie parken ihr Auto vor dem Hotel, gehen zur Rezeption und wenden sich an die dort sitzende Dame:

– Bonjour, madame!
– Bonjour, madame! Bonjour monsieur!
– Nous avons réservé[1] une chambre pour une nuit.
– C'est pour M. et Mme …?
– Bonvoyage.

1. – Ah oui, ... chambre est au troisième étage.

Voilà .... clés[2].

Vous avez .... passeport[3], monsieur?

2. – .... passeport?

Ah non, il est encore dans .... voiture.

3. – Et .... valises[4]?

– Elles sont aussi dans la voiture.

4. – Laissez .... affaires ici.

Ce ne sont pas .... clés, monsieur?

5. – Mais si, ce sont .... clés. J'oublie tout aujourd'hui.

6. – C'est .... manteau[5], madame?

7. – Oui, c'est ça. Je vous laisse aussi .... parapluie[6] et .... sac. Nous allons au restaurant. Espérons que .... chef de cuisine est bon.

1 *réserver:* vorbestellen, reservieren • 2 *la clé:* Schlüssel • 3 *le passeport:* Pass • 4 *la valise:* Koffer • 5 *le manteau:* Mantel • 6 *le parapluie:* Regenschirm

TIPP

Wir haben nun eigentlich alle Probleme geklärt, aber wir wollen dich noch auf eine besonders **häufige Fehlerquelle** für deutsche Schüler aufmerksam machen:
Und zwar geht es dabei um die Übersetzung des deutschen Possessivbegleiters *ihr/Ihr.*
Im Französischen gibt es dafür 7 Entsprechungen, die du gut auseinander halten musst.

ihr, ihre	son, sa, ses	(ein Besitzer)
	leur, leurs	(mehrere Besitzer)
Ihr, Ihre	votre, vos	(Höflichkeitsform)

Welche Form benutzt werden muss, entscheidet der Kontext.

Übung E10

Dazu eine kleine Testübung.

Schau dir genau den Sinnzusammenhang an, bevor du den Possessivbegleiter einsetzt. Und denke daran: Wenn im Deutschen die höfliche Anrede gemeint ist, werden *Sie, Ihr(e)* großgeschrieben!

1. Voilà Mme Beaujour avec .... enfant (m.). *(mit ihrem Kind)*
2. Voilà .... gants[1], madame. *(Ihre Handschuhe)*
3. Mme Cassetout a garé .... voiture devant la boulangerie. *(ihr Auto)*
4. Les Beaulieu aiment .... nouvelle maison. *(ihr neues Haus)*
5. Voilà .... café, monsieur. *(Ihr Kaffee)*
6. Mme Le Gall a pris .... vélo pour aller au marché. *(ihr Fahrrad)*
7. Mme Pertout cherche .... lunettes. *(ihre Brille)*

1 *le gant:* Handschuh

Wir fassen noch einmal zusammen: Wenn im Deutschen *ihr*, *ihre* etc. bzw. *Ihr*, *Ihre* etc. auftaucht, musst du dir folgende Fragen stellen:

- Handelt es sich um einen oder um mehrere Besitzer?
- Steht das folgende Nomen (= der „Besitz") im Singular oder im Plural?

	ein Besitzer:		mehrere Besitzer:	
	Singular	Plural	Singular	Plural
„ihr" etc. „Ihr" etc.	son, sa votre	ses vos	leur votre	leurs vos

Übung E11

Stelle dir diese Fragen bei der nächsten Übung.

professeur – CD[1] – parapluie[2] – gants[3] – revue – livres

1. Monique cherche ses livres.

2. Les élèves n'aiment pas ……………………

3. Monsieur, n'oubliez pas ……………………

4. Les filles écoutent ……………………

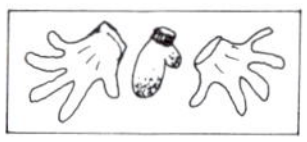

5. Mme Fairien cherche ……………………

6. Patricia a perdu ……………………

1 *le CD:* CD (auch im Plural unverändert) • 2 *le parapluie:* Schirm • 3 *le gant:* Handschuh

Übung E12

Wir machen jetzt noch eine Rätselübung, bei der es auf deine Kombinationsgabe ankommt.
Du sollst herausbekommen, welcher Possessivbegleiter in den folgenden Beispielen eingesetzt werden müsste. Dabei wollen wir mit bestimmten Symbolen arbeiten:

Besitzer:	● Mann	Besitz: ■ männlich
	○ Frau	□ weiblich

Wir nehmen an, die entsprechenden Wörter würden alle mit einem Konsonanten beginnen.

Beispiel:

● ⟶ ■ son

(Adrien cherche son portefeuille.)

1. ● ○ ● ⟶ □ ....
2. ○ ⟶ □ ....
3. ● ⟶ □ ....
4. ● ● ⟶ □ □ ....
5. ● ⟶ □ ....
6. ○ ○ ⟶ ■ ■ ....
7. ● ● ⟶ □ ....
8. ○ ○ ⟶ □ □ ....
9. ○ ⟶ □ ....
10. ○ ⟶ ■ ■ ....

ABSCHLUSSÜBUNG

Übung E13

Les Malchance rentrent de vacances

Diebe haben eingebrochen, alles durchwühlt und eine Menge verschwinden lassen:

1. Les Malchance ont tout perdu: .... argent, ... télévision, ... ordinateur, ... cassettes vidéo.

   Les voleurs ont tout détruit[1], ... tables, ... chaises, ... cuisine, ... salon.

2. Caroline: – Où sont .... livres de classe?

   Mme Malchance: – .... livres de classe? Volés.

   Caroline: – Et .... CD (Pl.)?

   Mme Malchance: – .... CD (Pl.)? Volés, aussi.

3. Caroline: – Vous avez retrouvé .... papiers? *(eure)*

   Mme Malchance: – Ils ont pris tous .... papiers et tout .... argent.

4. M. Malchance: – Est-ce que Caroline a trouvé .... appareil photo?

   Mme Malchance: – Non, ils ont pris .... appareil photo, ... livres de classe, ... sac à dos, ... CD (Pl.).

5. Mme Malchance est très triste: Les voleurs ont aussi pris .... lettres, ... livre avec .... adresses, ... belles robes[2], tout.

6. Que faire? Les Malchance appellent la police et font une liste de .... affaires[3].

1 *détruire:* zerstören • 2 *la robe:* Kleid • 3 *les affaires* (f. Pl.): Sachen

Zusammenfassende Übersicht: Die Possessivbegleiter

E

1. Die Possessivbegleiter der 1.–3. Person Singular (= ein Besitzer): *mon, ton, son* S. 114

Luc est dans **sa** chambre (f.). – … in seinem Zimmer.
Monique a installé **son** ordinateur (m.). – … ihren Computer.
Nicole est chez **ses** copines (f.). – … bei ihren Freundinnen.
Nicole est chez **ses** copains (m.). – … bei ihren Freunden.

→ Regel 1, Tabelle 1

Der Possessivbegleiter richtet sich in **Geschlecht** und **Zahl** nach dem **Nomen**, bei dem er steht.

Die französischen Possessivbegleiter *son, sa, ses* haben im Deutschen jeweils zwei Entsprechungen: *sein/ihr, seine/ihre* und *seine/ihre.*

→ Regel 2

Die **weibliche Form** des Possessivbegleiters *(ma, ta, sa)* steht nur dann, wenn das folgende **Substantiv weiblich** ist und mit einem **Konsonanten** beginnt. In allen anderen Fällen steht die männliche Form *(mon, ton, son).*
Philippe rencontre **son amie**. – … seine Freundin.

→ Regel 3

2. Die Possessivbegleiter der 1.–3. Person Plural (= mehrere Besitzer): *notre, votre, leur* S. 121

Der Possessivbegleiter für mehrere Besitzer hat jeweils nur eine Form für den Singular *(notre, votre, leur)* und eine Form für den Plural *(nos, vos, leurs).*

→ Regel 4

Alle Possessivbegleiter auf einen Blick:

→ Tabelle 2–3

Besitz	ein Besitzer: mein(e)	dein(e)	sein(e)/ihr(e)	mehrere Besitzer: unser(e)	euer(e)	ihr(e)
Sg. m.	**mon**	**ton**	**son**	**notre**	**votre**	**leur**
Sg. f.	**ma**	**ta**	**sa**			
Pl.	**mes**	**tes**	**ses**	**nos**	**vos**	**leurs**

Les élèves cherchent leur professeur.
Les amis ont pris leurs vélos.
Steht das folgende Substantiv im Plural, so muss der Possessivbegleiter ein **-s** am Ende haben *(mes, tes, ses, nos, vos, leurs).* Steht es im Singular, so darf der Possessivbegleiter kein **-s** am Ende haben *(mon, ton, son, votre, notre, leur).*

→ Regel 5–6

C'est votre voiture, madame? – Ist das Ihr Auto …?
Votre, vos können sich in der **höflichen Anrede** auch auf einen Besitzer beziehen (deutsch: *Ihr, Ihre*).

→ Regel 7

F Eingangstest: Teilungsartikel und Mengenangaben

1. Setze den fehlenden Artikel ein.

Les Français mangent toujours .... pain avec leurs repas.

J'achète .... oranges.

Tu as .... argent français?

Je mange ma baguette avec .... confiture.

Elle boit toujours .... eau minérale.

Hier, j'ai mangé .... poisson délicieux: un thon[1].

Le vendredi, on mange toujours .... poisson.

Tu as encore .... fromage? – Pas beaucoup, juste .... camembert.

→ Kapitel F1

1 *le thon:* Thunfisch

2. Welcher Artikel?

Elle est toujours en bonne forme. Est-ce qu'elle fait .... sport?

Depuis un an, je fais .... anglais au collège.

Le soir, j'aime écouter .... musique.

Tu aimes .... rap (m.)?

Merci, je ne bois pas .... alcool.

Prends ton pull, il fait .... vent dehors!

Je ne fais jamais .... fautes!

→ Kapitel F1–3

3. Beantworte die Fragen mit Hilfe der Angaben in Klammern (ins Heft).

Qu'est-ce que vous prenez? – (pain / un peu / confiture)
Tu joues au basket? – Non, (faire / pas / sport)
Qu'est-ce qu'on mange ici? – (beaucoup / poisson)
Et avec ça, madame? – (donner / 250 g / beurre / 3 bouteilles / orangina / grand pain)
Pourquoi est-elle si grosse? – (boire / trop / coca / ne pas manger /assez / fruits)
Il y a encore des touristes ici? – (oui, mais / la plupart / gens / déjà / parti)

→ Kapitel F1–3

4. Übersetze (ins Heft).

Ich brauche deinen Wagen.
Sie hat nie Zeit.
Fußball mag ich sehr.

Ich trinke manchmal ein Bier, aber Cola mag ich lieber.
Deine Arbeit ist (ja) voller Fehler!

→ Kapitel F3–4

Teilungsartikel und Mengenangaben
oder: Sollen sie doch Kuchen essen ...!

Du weißt sicher, dass das System der Artikel im Deutschen und Französischen unterschiedlich ist. So gibt es z. B. im Französischen nur zwei Artikel *(le, la)*, während wir im Deutschen drei haben *(der, die, das)*.
Wahrscheinlich kennst du auch noch eine andere Besonderheit des französischen Systems. Sieh dir dazu folgende Beispiele an:

Voilà **des** œufs.

(Das sind .... Eier.)

Voici **des** photos.

(Hier sind .... Fotos.)

Il a **des** livres.

(Er hat .... Bücher.)

J'achète **des** oranges.

(Ich kaufe .... Orangen.)

Was stellst du fest?

Im Gegensatz zum Deutschen gibt es im Französischen auch im **Plural** einen **unbestimmten Artikel**; er heißt für beide Geschlechter ***des***.

Nichts Neues für dich – das kennst du sicher längst. Aber auch das Folgende wirst du wahrscheinlich schnell verstehen.

Vielleicht hast du schon einmal von dem Ausspruch der unglückseligen Königin Marie-Antoinette gehört, die zu Beginn der Französischen Revolution fragte, was die hungernden Menschen vor ihrem Palast denn wollten. Als man ihr antwortete, dass die Leute kein Brot mehr hätten, erwiderte sie verständnislos:

«Mais alors, qu'ils mangent **du gâteau**!»
„Sollen sie doch Kuchen essen!"

Die Königin in ihrem Luxuskäfig konnte sich nicht vorstellen, dass jemand nichts zu essen hatte …
Für uns ist dieser Ausspruch der Königin deshalb interessant, weil er ein spezielles Thema der französischen Grammatik enthält, den **Teilungsartikel** ***(l'article partitif)*** – einen Artikel, den es in dieser Form im Deutschen nicht gibt.

1. Der Teilungsartikel

Sehen wir uns den Satz der Königin einmal genauer an:

Ils	mangent	du	gâteau.
Sie	essen		Kuchen.

Wo im Französischen *du* steht, verwenden wir im Deutschen offenbar keinen Artikel!

Nehmen wir uns dazu noch ein paar Beispielsätze vor:

Je mange	du	pain avec	de la	confiture.	Elle boit	de l'	eau minérale.
Ich esse		Brot mit		Marmelade.	Sie trinkt		Mineralwasser.

Brot, Marmelade, Mineralwasser sind **Dinge, die man nicht zählen kann** (höchstens messen, z. B. 3 kg Brot, ein Pfund Marmelade, 2 Liter Mineralwasser): Sie haben **keinen Plural**, aber im Gegensatz zum Deutschen stehen sie nicht ohne Artikel, sondern bekommen auch einen Begleiter – eben den Teilungsartikel.
Auch abstrakte Begriffe, wie z. B. *musique, sport, courage* (s. auch S. 138), haben keinen Plural und werden daher vom Teilungsartikel begleitet.

Regel 1

Der **Teilungsartikel** *(l'article* [m.] *partitif)* bezeichnet eine nicht näher bestimmte Menge von Sachen, Materialien u. Ä., die man nicht zählen kann (z. B. *pain, confiture, eau*) oder einen abstrakten Begriff *(musique, sport, courage)*. Er hat keinen Plural.

du pain		de la confiture

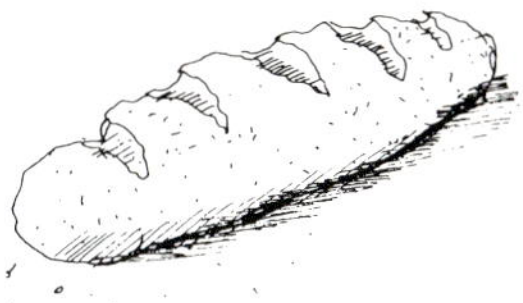

vor Konsonant

du — de la

masculin — féminin

de l'

vor Vokal*

de l'argent — de l'eau

* *und stummem* h

Nun wirst du vielleicht einwenden: Aber Geld z. B. kann man doch zählen! Das stimmt aber eigentlich nicht, denn man zählt ja nicht „Geld", sondern Münzen und Scheine. Ähnlich ist es mit „Papier": Wenn ich sage „die Papiere – *les papiers*", meine ich nicht mehr Papier als Stoff – z. B. im Gegensatz zu „Holz" –, sondern einzelne Schriftstücke (Pass etc.), die man als „Papiere" bezeichnet. Und wenn ich sage: „drei Brote", meine ich: drei Brotlaibe. Und wenn ich sage: „fünf Cola", meine ich eigentlich: fünf Glas Cola. – Cola als Stoff kann man nicht zählen. Also:

Wir haben Cola. → Nous avons du coca.

So, jetzt reicht's aber mit der Theorie – jetzt üben wir erst mal die Formen des Teilungsartikels.

Übung F1

1. le thé	du	8. le café	....
2. le beurre	....	9. la limonade	....
3. la glace[1]	....	10. le pain	....
4. l'argent	....	11. le jambon	....
5. la monnaie[2]	....	12. la bière	....
6. l'eau	....	13. l'huile	....
7. le vin	....	14. le jus de fruits	....

1 *la glace:* Eis • 2 *la monnaie:* Kleingeld

Das war wahrscheinlich ziemlich einfach, oder? Gehen wir einen Schritt weiter. Du erinnerst dich (hoffentlich) noch daran, dass wir am Anfang vom Plural des unbestimmten Artikels, *des*, gesprochen haben – einem Artikel, für den es keine entsprechende Form im Deutschen gibt … Er bezeichnet eine unbestimmte Anzahl von zählbaren Dingen – im Deutschen könnten wir diesen Artikel auch durch *einige*, *manche*, *gewisse* o. Ä. wiedergeben.

Übung F2

Teilungsartikel oder unbestimmter Artikel Plural? Setze ein.

Nous faisons une boum …

1. Pour préparer une boum, il faut d'abord faire les courses. Il faut acheter .... boissons, par exemple .... coca, ... eau minérale, ... orangina ou .... limonade.
2. Il y a aussi .... gens qui aiment boire .... café après le repas.
3. Pour un buffet, on peut préparer .... salades, et il faut aussi .... pain, ... beurre et .... fromage.
4. Et enfin, il faut .... musique, bien sûr.
5. Si tu écoutes toujours .... hard (rock)[1], il faut peut-être autre chose pour danser.
6. Souvent, les invités apportent .... CD ou .... cassettes – et alors, la fête peut commencer.

1 französische Jugendliche sagen meist nur *le hard*

Übung F3

Und noch einmal:
Teilungsartikel oder unbestimmter Artikel Plural? Setze ein.

Elle fait tout pour être belle, mais …

1 *la revue spéciale:* Fachzeitschrift • 2 *la rondelle de concombres:* Gurkenscheibe • 3 *le blanc/ jaune d'œufs:* Eiweiß/-gelb • 4 *le cil:* Wimper • 5 *se laver:* sich waschen

Na, hat's geklappt? Bis jetzt solltest du eigentlich noch keinen Fehler gemacht haben!

In der folgenden Übung musst du nun das Geschlecht aller Wörter selbst wissen, um den richtigen Artikel einsetzen zu können.

Übung F4

Qu'est-ce que tu manges?

1. Le matin, au petit déjeuner, je prends ....du.... café au lait ou .... thé.
2. Ma petite sœur prend .... chocolat.
3. Nous mangeons .... pain avec .... beurre et .... confiture.
4. Au déjeuner, avec la viande[1], il y a toujours .... légumes, ... frites et .... salade verte, et pour le dessert, on a .... fruits ou .... fromage.
5. Mon père boit .... vin rouge avec .... l'eau; pour les autres, il y a .... jus de fruits.

6. Le soir, il y a souvent .... sandwiches,

7. et le vendredi, on mange .... poisson.

1 *la viande:* Fleisch

Hast du Satz 7 richtig?

On mange **du** poisson.

Jetzt wirst du vielleicht sagen: Wieso das denn? Der Teilungsartikel steht bei nicht zählbaren Dingen. Und Fische kann man doch wohl zählen!
Natürlich kann man – aber hier müssen wir auf einen wesentlichen Unterschied achten: Wenn ich ausdrücken will, dass ich einen Fisch esse (also z. B. einen Karpfen), sage ich:

Je mange **un** poisson.

Wenn ich aber ausdrücken will, dass ich freitags Fisch esse (also im Unterschied zu Fleisch z. B.), sage ich:

Je mange **du** poisson.

Den gleichen Unterschied findest du übrigens auch bei einer Reihe anderer Wörter: Käse, Kaffee usw.

Je prends **un** fromage. – Ich nehme einen (ganzen) Käse.
Je prends **du** fromage. – Ich nehme Käse (als Stoff).

TIPP

Den Teilungsartikel verwendet man häufig dann, wenn man in einem entsprechenden deutschen Satz ein Nomen ohne Artikel hat und *etwas*, *ein wenig*, *viel* (nicht *viele*!!) davorsetzen könnte:
„Ich esse Brot."
→ Möglich wäre auch: „Ich esse viel Brot. / Ich esse wenig Brot."
„Ich habe Geld."
→ Möglich wäre auch: „Ich habe viel Geld. / Ich habe wenig Geld."
Also:
Ich esse Brot. → Je mange **du** pain.
Ich habe Geld. → J'ai **de l'**argent.

Zur Übersicht eine Tabelle:

Tabelle 1

Zählbare Dinge:

	Singular	Plural
D	**unbest. Artikel** ein/eine/ein Ich kaufe eine Zeitung.	**kein Artikel** – Ich lese __ Zeitungen.
F	**unbest. Artikel** un/une J'achète un journal.	**unbest. Artikel** des Je lis des journaux.

Nicht zählbare Dinge:

	Singular	Plural
D	**kein Artikel** – Ich esse __ Brot.	Von nicht zählbaren Dingen gibt es natürlich keinen Plural!
F	**Teilungsartikel** du/de la/de l' Je mange du pain.	

Jetzt machen wir mal eine Übung, in der du entscheiden musst, ob der unbestimmte Artikel oder der Teilungsartikel einzusetzen ist.

Übung F5

1. Comment, Philippe, tu bois déjà ......de la...... bière?

   Ah oui, ... bière ou deux par jour, pas plus.

2. Bonjour, monsieur. Vous avez encore .... pain?

   Ah, voyez, il me reste .... pain blanc. Vous voulez l'avoir?

3. Je veux boire, donne-moi .... verre, s.t.p.

4. Ces lunettes, c'est .... plastique (m)?

   Non, c'est .... verre!

5. Qu'est-ce que vous prenez? .... café ou .... thé?

   Moi, je prends .... petit café noir, et ma femme prend .... thé au citron.

Hier folgen einige Ausdrücke, nach denen du den Teilungsartikel wahrscheinlich häufig gebrauchen wirst. Sie haben vor allem etwas mit dem Einkaufen zu tun:

Tabelle 2

Je voudrais	du	sel.	Ich möchte	__	Salz.
Vous avez	du	beurre?	Haben Sie	__	Butter?
Voilà	de la	farine.	Da ist	__	Mehl.
Nous avons	du	fromage.	Wir haben	__	Käse.
Il reste encore	de la	bière.	Es ist noch	__	Bier da.

Und eine weitere Verwendungsmöglichkeit, aus der deutlich wird, dass der Teilungsartikel nicht nur mit dem Essen zu tun hat:

Tabelle 3

Il fait	du	sport.	Er betreibt	__	Sport.
Elle fait	de la	musique.	Sie macht	__	Musik.
Il fait	du	bruit.	Er macht	__	Lärm.
Il faut	du	courage.	Man braucht	__	Mut.
On a	de la	chance.	Wir haben	__	Glück.
Elle fait	de l'	allemand à l' école.	Sie lernt	__	Deutsch in der Schule.
Vous avez	du	feu?	Haben Sie	__	Feuer?

Wie du siehst, steht der Teilungsartikel auch vor einigen **abstrakten Begriffen** (z. B. *courage*, *sport*, *musique*) und oft in Verbindung mit *faire*, vor allem bei Sportarten:

Elle fait **du** tennis. – Je fais **du** foot(ball). – Tu fais **du** ski.

Merke dir auch ***jouer* + *du* / *de la* / *de l'***, wenn das **Spielen eines Musikinstruments** gemeint ist:

Je joue **de la** guitare. – Il joue **du** piano. – Elle joue **de l'**accordéon.

Achtung! Ein **Spiel spielen** (Sport, Gesellschaftsspiel, Rollenspiel etc.) heißt immer ***jouer au* / *à la* / *à l'***!

Elle joue au foot. – Ils jouent aux cartes.
Elle joue toujours à la bonne maman, mais en réalité …
(Sie spielt immer die gute Mutter, aber in Wirklichkeit …)

Der Teilungsartikel steht auch in Verbindung mit *il fait* und Wettererscheinungen:

il fait du vent	– der Wind weht
il fait de la pluie	– es regnet (daneben natürlich auch: *il pleut*)
il fait de la neige	– es schneit (neben: *il neige*)

Und damit wird es wieder Zeit für eine Übung – eine kombinierte Sport-Musik-Wetter-Übung.

Beschreibe in der folgenden Übung jeweils, was Pauline auf den einzelnen Zeichnungen macht, und verwende dabei einen Ausdruck mit Teilungsartikel oder *jouer à / de*.

Übung F6

Que fait Pauline quand elle ne travaille pas?

1. Après l'école, elle joue ....[1]

2. Ensuite, elle .... souvent ....

....,

3. mais en été, elle ne reste pas à la maison: elle aime ....

.... *(Sport)*:

4. elle fait ....,[2]

5. elle .... aussi ....

avec son frère et ses copains,

6. et pendant les vacances, quand .... *(Wind)*,

7. ....[3]

8. Il faut .... *(Mut)* pour ce sport, mais elle n'a jamais peur.

9. Le soir, elle .... souvent ....

avec ses parents.

10. Oui, elle .... *(Glück)* – ses parents sont très sympa!

1 *la guitare:* Gitarre • 2 *le tennis:* Tennis • 3 *le surf:* Surfen

F

2. Der Artikel in verneinten Sätzen

Nicht alle jungen Leute sind so aktiv wie Pauline – Max z. B. ist ein absoluter Langweiler:

Pauline fait	**du** sport,	mais lui,	il ne fait	pas de	sport;
elle fait	**de la** musique,	mais lui,	il ne fait	pas de	musique;
elle apprend	**une** langue étrangère,	mais lui,	il n'apprend	pas de	langue;
elle a	**des** idées,	mais lui,	il n'a	pas d'	idées –
		alors,	il n'a	pas d'	amis.

Ist dir etwas aufgefallen? – Natürlich:

Regel 2

In einem **verneinten Satz** steht statt des Teilungsartikels oder des unbestimmten Artikels ein einfaches *de*, unabhängig davon, ob das Nomen männlich oder weiblich ist, im Singular oder Plural steht.

pas de pain

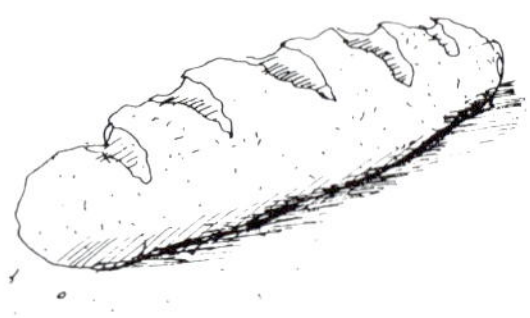

vor Konsonant

pas de confiture

pas de

masculin

féminin

pas d'

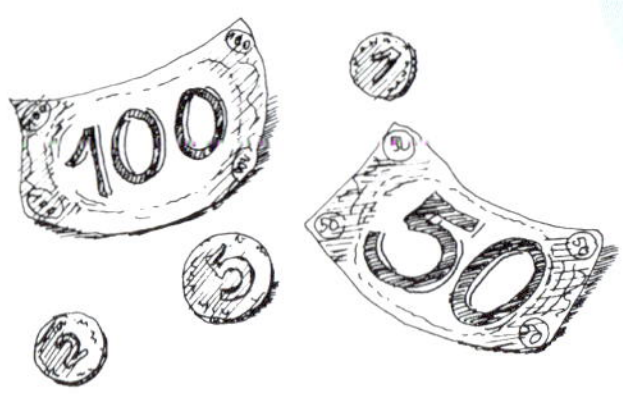

vor Vokal*

pas d'argent

pas d'eau

* *und stummem* h

Die Regel gilt, wie gesagt, auch für den unbestimmten Artikel im Singular und Plural:

– Nous avons	**une**	nouvelle voiture. Et vous?
– Nous, on n' a	**pas de**	voiture.
– Vous avez	**des**	cigarettes?
– Ah non, je n'ai	**pas de**	cigarettes, je ne fume pas.

Nur wenn *un, une* als Zahl verwendet wird (etwa in der Bedeutung *nicht ein[e] einzige[r]*), bleibt es auch in der Verneinung erhalten:

- Tu as encore de l'argent? Hast du noch Geld?
- Non, je n'ai **pas un** sou. Nein, ich habe nicht einen (einzigen) Pfennig.

Und noch eine Besonderheit:

C'est du café? – Mais non, ce n'est pas **du** café, c'est du thé!

Regel 3

Bei *être* bleiben der unbestimmte Artikel und der Teilungsartikel in der Verneinung erhalten!

Dazu machen wir jetzt eine Übung.

Übung F7

Versuche die folgenden Fragen zu beantworten. Wenn hinter dem Substantiv ein (+) steht, solltest du die Frage bejaht beantworten, wenn ein (−) dahinter steht, sollst du eine verneinte Antwort geben.

1. Tu prends ....du.... beurre (−) et ....de la.... confiture (+)?

   Je ne ....prends pas de beurre...., mais je ....prends de la confiture.....

2. Vous avez ....du.... café (+) et .... thé (−)?

   Nous ...., mais nous ....

3. Il reste .... pain (+) et .... beurre (−) ?

   Il reste ....

4. Tu as .... argent[1] (−) ou .... chèques[2] (+) ?

   Je n' ...., mais j' ai encore ....

5. Nous avons encore .... coca (+) et .... limonade (−)?

   Nous ...., mais nous ....

6. Vous avez .... nouvelle voiture (−) ?

   Non, nous .... voiture.

7. Tu as acheté .... eau minérale (+) et .... bière (−) ?

   J'ai ...., mais ....

8. Elle a .... copains (−) ?

   Non, elle ...., mais elle a .... copines.

1 *l'argent* (m.): Geld • 2 *le chèque:* Scheck

F 3. Der Artikel nach Mengenangaben

Es ist dir sicher aufgefallen, was der kleine magere Herr, der nicht so unmäßig frisst wie sein Nachbar, zum Kellner gesagt hat:

un peu de viande	– ein wenig Fleisch
100 g de pommes de terre	– 100 Gramm Kartoffeln
un verre de vin	– ein Glas Wein

Was haben *un peu, 100 g* und *un verre* gemeinsam?
Sie bezeichnen **eine Menge** – unbestimmt *(un peu)* oder bestimmt *(100 g, un verre)*. Und dahinter steht in allen drei Fällen nur ***de*** – ganz richtig: wie bei der Verneinung. Und das ist eigentlich auch logisch: Denn wenn ich ausdrücke, dass ich etwas nicht habe, bezeichne ich damit ja auch eine Menge, eben die Menge „Null". (Den Begriff der „Nullmenge" kennst du sicher noch aus der Mathematik, oder?)

Regel 4

Nach **Mengenangaben** steht statt des (Teilungs-)Artikels nur ***de***.

Mögliche Mengenangaben sind z. B.:

3 kilos de	3 Kilo	assez de	genug
une bouteille de	eine Flasche	trop de	zu viel
2 paquets de	2 Päckchen	beaucoup de	viel
une tasse de	eine Tasse	(un) peu de	(ein) wenig
un verre de	ein Glas	combien de	wie viel(e)?
un tas de	ein Haufen	plus de	mehr
2 litres de	2 Liter	moins de	weniger
trop peu de	zu wenig	tant de	so viel

Tabelle 4

Ausnahme:
Nach ***bien*** (sehr viele), ***la plupart*** (der/die/das meiste, die meisten) und ***la moitié*** (die Hälfte) steht der **volle Teilungsartikel** bzw. *de* + Demonstrativ- oder Possessivbegleiter.

Bien des élèves ont des problèmes ... (des = de + les)
(Sehr viele Schüler haben Probleme.)
La plupart du temps, je ne comprends rien. (du = de + le)
(Die meiste Zeit / meistens verstehe ich nichts.)
La plupart de ces gens sont déjà partis.
(Die meisten von diesen Leuten sind schon gegangen.)
La moitié de la classe n'a pas fait les devoirs.
(Die Hälfte der Klasse hat die Hausaufgaben nicht gemacht.)

TIPP

Da, wie wir vorhin (S. 142) festgestellt haben, die Verneinung auch eine Mengenangabe ist, brauchst du dir eigentlich nur Regel 4 zu merken – in ihr ist Regel 2 schon enthalten!

So, nun wird es aber höchste Zeit, wieder Übungen zu machen.

Übung F8

Setze den richtigen Artikel oder *de* in die folgenden Sätze ein:

1. On achète encore .... fruits? – Non, nous avons assez .... fruits, mais je pense qu'il n'y a pas assez .... pain.
2. J'ai mal à la tête! – C'est normal, tu as bu trop .... alcool hier. Je te dis toujours que tu es trop jeune pour boire .... alcool!
3. C'est bête – nous avons beaucoup trop .... gâteau – la plupart .... invités ne sont pas venus.
4. Tu veux un peu .... chocolat? – Non, merci, je ne mange jamais .... chocolat.
5. Vous prenez encore .... fromage, madame? – Non, merci, apportez-moi .... mousse au chocolat.

6. Au mois d'août, à Paris, tu ne vois .... chat *(nicht eine Menschenseele)*.
7. C'est vrai qu'en Belgique, on mange tous les jours .... frites?
8. La plupart .... temps, il s'ennuie.
9. Moi, quand je conduis, je ne bois jamais .... alcool!
10. Je n'ai pas assez .... courage pour faire ça ...

Übung F9

Mme Paris est chez l'épicier. Elle regarde les étagères:

en face d'elle, il y a
- [ ] un café 2
- [ ] café 24
- [X] du café 248
- [ ] de café 126

et beaucoup
- [ ] de thé 506
- [ ] du thé 12
- [ ] le thé 93
- [ ] un thé, 204

Voilà aussi
- [ ] un sucre 11
- [ ] sucre 118
- [ ] du sucre 47
- [ ] de sucre 77

et
- [ ] de sel[1] 92
- [ ] sel 91
- [ ] un sel 94
- [ ] du sel. 93

L'épicier n'a pas
- [ ] bière 312
- [ ] une bière 231
- [ ] de bière 123
- [ ] de la bière, 132

mais il a
- [ ] eau minérale 77
- [ ] une eau minérale 66
- [ ] d'eau minérale 55
- [ ] de l'eau minérale. 83

– Monsieur, je voudrais deux bouteilles
- [ ] du vin rouge 41
- [ ] de vin rouge 42
- [ ] vin rouge 43
- [ ] le vin rouge. 44

Je prends aussi un peu
- [ ] du fromage 2
- [ ] fromage 24
- [ ] le fromage 248
- [ ] de fromage 126

et
- [ ] de la margarine 31
- [ ] la margarine 13
- [ ] une margarine 32
- [ ] de margarine. 23

– C'est tout, madame?
– Non, attendez, mon fils fait
- [ ] de sport 112
- [ ] du sport 211
- [ ] le sport 201
- [ ] sport, 5

1 *le sel:* Salz

alors, il mange beaucoup. Donnez-moi encore

☐	de fruits	176
☐	des fruits	29
☐	les fruits	7
☐	fruits.	333

– Qu'est-ce qu'il fait, votre fils?

☐	Le foot?	67
☐	Du foot?	194
☐	Un foot?	79
☐	De foot?	1

– Ah lui, il fait beaucoup

☐	de sport	50
☐	sport	40
☐	du sport	70
☐	le sport.	20

Et il mange!
Je paie et je paie, et maintenant, je n'ai plus

☐	de l'argent!	9
☐	l'argent!	8
☐	argent!	7
☐	d'argent!	6

Wenn du die Zahlen, die bei den richtigen Antworten stehen, zusammenzählst, bekommst du eine ungemein wichtige Jahreszahl der französischen Geschichte: das Jahr der Französischen Revolution!
Erinnerst du dich daran? Auf S. 132 haben wir schon von der verständnislosen Königin Marie-Antoinette gesprochen, die einfach keine Ahnung davon hatte, wie es in ihrem Volk aussah, was Hunger und Unfreiheit bedeuteten …

Übung F10

Der Vielfraß von S. 142 hat sich den Magen verdorben. Der Arzt schreibt ihm eine strenge Diät vor:

1. Vous pouvez boire ....du.... thé et .... café. Attention!
2. Ne buvez pas trop .... coca, mais .... eau minérale non-gazeuse[1]
3. et, bien sûr, pas .... alcool!
4. Vous avez mangé assez .... viande et trop .... frites.
5. Maintenant, mangez .... fruits, ... oranges, par exemple.
6. Vous pouvez manger .... salade et .... pain blanc,
7. mais pas .... beurre – et ne prenez pas .... sucre dans votre café.

1 *non-gazeux, se:* ohne Kohlensäure

Wenn du das alles richtig hast, können wir dich wieder ein bisschen ärgern: Denn auch hier geht's nicht ganz so glatt … Also sieh dir mal die folgenden Sätze an:

Tu veux une bière –
Non, je n'aime pas **la** bière, je préfère **le** vin.
Tu manges beaucoup! –
Mais oui – j'aime **le** chocolat, moi!
Tu joues avec nous? –
Non, je n'aime pas **le** sport, je préfère **les** jeux vidéo[1].

1 *les jeux vidéo:* Videospiele

Hast du etwas bemerkt? Richtig:

Regel 5

Nach ***aimer*** (etwas gerne tun, essen, trinken usw.) und ***préférer*** (etwas lieber tun, essen, trinken usw.) steht der **bestimmte Artikel**, auch in der Verneinung!

Also:

Arbeit mag ich nicht.	– Je n'aime pas le travail.
Ich esse gerne Schokolade.	– J'aime le chocolat.
Sie macht gerne Sport.	– Elle aime le sport.

In der nächsten Übung musst du also auch darauf achten.

Übung F11

So bruchstückhaft, wie dieser freundliche Marsbewohner hier spricht, versuchen oft auch Ausländer sich verständlich zu machen. Du kannst es inzwischen aber schon viel besser – es dürfte dir also keine Schwierigkeiten machen, aus den Satzbruchstücken, die du hier findest, richtige Sätze zu machen. Sieh dir aber vorsichtshalber noch mal schnell die Regeln 1–4 an!

Auf geht's!

1. Je/J' | avoir | chance → J'ai de la chance.

2. Philippe | ♥ | Pils

3. Marc | ne pas |

4. Les jeunes | aimer | musique

5. Vous | avoir | ?

6. Ces lunettes | c'est | plastique (m.) | ?

7. Non | être | verre | !

8. Je | ne pas | avoir | assez | 100 | 1000

9. petit | manger | 100 g | viande

10. Tu | vouloir | BEURRE | ?

11. Vous | prendre | encore | tomates | ?

12. Nous | avoir | ne … | plus | .

4. *avoir besoin de* und andere feststehende Ausdrücke

F

Damit ist das Kapitel Teilungsartikel eigentlich abgeschlossen. Es bleiben nur noch einige Ausnahmen zu besprechen, nämlich **idiomatische Wendungen**, also feststehende Ausdrücke, wie es sie in jeder Sprache gibt.

Zuerst eine französische Struktur, die vielen deutschen Schülern enorme Schwierigkeiten bereitet, obwohl sie ganz einfach ist:

j'ai besoin de – ich brauche

TIPP

Dazu ein Tipp:
Immer wenn du im Deutschen „ich brauche“ sagen würdest, sagst du im Französischen *«j'ai besoin de»*. Das *de* darfst du nicht vergessen! Wenn du darin sicher bist, ist alles andere ganz einfach: Der Artikel wird dann genau wie im Deutschen verwendet.

Tabelle 5

D	= F
kein Artikel	kein Artikel
best. Artikel	best. Artikel
unbest. Artikel	unbest. Artikel
Possessivbegleiter	Possessivbegleiter
Demonstrativbegleiter	Demonstrativbegleiter
Zahlwort	Zahlwort

Das gilt auch für verneinte Sätze: Du sagst dann eben *je n'ai pas besoin* und vergisst auch hier das *de* nicht!!

Ich **brauche kein** Auto. – Je **n'ai pas besoin de** voiture.
Ich **brauche dein** Auto **nicht**. – Je **n'ai pas besoin de ta** voiture.
Wir **brauchen kein** Geld. – Nous **n'avons pas besoin d'** argent.

In einer vergleichenden Tabelle sieht das so aus:

Tabelle 6

J'ai besoin	de	–	pain.	Ich brauche	–	Brot.
Tu as besoin	d'	–	argent?	Brauchst du	–	Geld?
Il a besoin	de	–	chaussures.	Er braucht	–	Schuhe.
Elle a besoin	de	la	voiture.	Sie braucht	**den**	Wagen.
Nous avons besoin	de	l'	interprète.	Wir brauchen	**den**	Dolmetscher.
Vous avez besoin	du*		livre.	Ihr braucht	**das**	Buch.
Pierre a besoin	des**		disques.	Pierre braucht	**die**	Platten.
Ils ont besoin	d'	une	infusion.	Sie brauchen	**einen**	Kräutertee.
Elles ont besoin	d'	un	ami.	Sie brauchen	**einen**	Freund.
Marc a besoin	de	ton	livre.	Marc braucht	**dein**	Buch.
J'ai besoin	de	ce	CD.	Ich brauche	**diese**	CD.
Il a besoin	de	100	francs.	Er braucht	**100**	Francs.

* *du = de + le*
** *des = de + les*

! Was wir hier zu *avoir besoin de* gesagt haben, gilt auch für die anderen feststehenden Wendungen mit *de*, z. B.: ***parler de*** (sprechen von), ***plein de*** (voll von), ***s'occuper de*** (sich beschäftigen mit) usw.

Je **ne parle pas d'** argent, moi, je **parle de** mon amour!
Ich spreche nicht von Geld, ich spreche von meiner Liebe!

Occupe-toi de tes affaires!
Kümmere dich um deine Angelegenheiten!

Cette maison **est pleine de** vieux meubles.
Dieses Haus ist voll von alten Möbeln.

Um auch das noch zu üben, machen wir noch eine einfache Übersetzung:

Übung F12

1. Brauchst du mein Fahrrad noch?
2. Ich brauche das Fahrrad, und ich brauche auch eine Pumpe (la pompe).
3. Sie braucht immer Geld.
4. Er redet von Fußball, und sie spricht von ihrer Hochzeit (le mariage)!
5. Wir brauchen dein Auto nicht.
6. Ich brauche keine Zeitung.
7. Der Park ist voller Hunde.
8. Sie beschäftigt sich oft mit Philosophie.
9. Wir brauchen dieses Buch und diese Zeitschrift (la revue).
10. Du brauchst gute Noten.
11. Wir brauchen Butter.
12. Du weißt alles? Dann brauchst du unser Buch nicht mehr!

Ein feststehender Ausdruck <u>ohne</u> *de*, den du sicherlich öfter brauchst, ist:

Ich habe Zeit. – J'ai **le** temps.
Ich habe keine Zeit. – Je n'ai pas **le** temps.

Hier steht also der **bestimmte Artikel**!

Vier weitere idiomatische Ausdrücke <u>ohne</u> *de*, kennst du schon länger:

Tabelle 7

Ich habe	Hunger. Durst. Angst. Lust.	J'ai	faim. soif. peur. envie.
Ich habe	keinen Hunger. keinen Durst. keine Angst. keine Lust.	Je n'ai	pas faim. pas soif. pas peur. pas envie.

Hier steht gar **kein Artikel**! Und auch sonst kein Begleiter – es wird also ganz von der Regel abgewichen, dass jedes Nomen einen Begleiter haben <u>muss</u>.

So, das war's! Bist du fit für die Abschlussübung?

Übung F13

ABSCHLUSSÜBUNG

Setze in den folgenden Text den Artikel oder *de* ein.
(Wenn du hier nicht mehr als 1–2 Fehler machst, kannst du dir beruhigt sagen, dass du das Kapitel „Teilungsartikel" schon fast im Griff hast …)
Achtung bei den Sätzen 1, 7 und 13!

1. – Où est Marc? – Il joue au foot avec .... copains. Lui, il aime faire .... sport!
2. – Je sais. On a fait un peu .... judo ensemble, mais il est plus fort que[1] moi.
3. – Vous n'aimez pas .... sport?
4. – Si, mais je ne fais pas beaucoup .... sport: je préfère .... musique.
5. – Vous écoutez .... CD alors?
6. – Oui, ça aussi: j'écoute souvent .... musique classique[2], mais je joue aussi moi-même[3]:
7. je fais .... piano et un peu .... guitare.
8. – Ah bon! Marc n'aime pas trop .... musique. Quelquefois, il écoute .... rap (m.).
9. – Il n'a pas .... CD?
10. – Si, mais pour lui, c'est le sport qui compte. Mais dites, vous voulez boire quelque chose? .... café, peut-être, ou .... cognac?
11. – Merci, je ne bois jamais .... alcool, mais j'aime .... thé.
12. D'accord, je vous fais .... thé.
13. – Ah non, merci. C'est très gentil, mais je dois partir: je n'ai plus .... temps.

1 *plus fort que:* stärker als • 2 *la musique classique:* klassische Musik • 3 *moi-même:* (ich) selbst

Zusammenfassende Übersicht: Teilungsartikel und Mengenangaben

F

Im Gegensatz zum Deutschen gibt es im Französischen auch im Plural einen unbestimmten Artikel; er heißt für beide Geschlechter *des*.
Voilà des œufs.
J'achète des oranges.

1. Der Teilungsartikel S. 132

Der **Teilungsartikel** bezeichnet eine nicht näher bestimmte Menge von Sachen, Materialien u. Ä., die man **nicht zählen** kann, oder einen **abstrakten Begriff**. Er hat keinen Plural. → Regel 1

Formen:

vor Wörtern, die mit Konsonant beginnen:	m.:	**du**	(du pain)
	f.:	**de la**	(de la confiture)
vor Wörtern, die mit Vokal beginnen:		**de l'**	(de l'eau, de l'argent)

Den Teilungsartikel verwendet man häufig dann, wenn man in einem entsprechenden deutschen Satz ein Nomen ohne Artikel hat und *etwas*, *ein wenig*, *viel* (nicht *viele*) davorsetzen könnte: → Tabelle 1–3

Ich esse Brot. – Je mange du pain.
Hier ist Mehl. – Voilà de la farine.
Sie lernt Deutsch in der Schule. – Elle fait de l'allemand à l'école.

2. Der Artikel in verneinten Sätzen S. 140

In einem **verneinten Satz** steht statt des Teilungsartikels oder des unbestimmten Artikels ein einfaches ***de***, unabhängig davon, ob das Nomen männlich oder weiblich ist, im Singular oder im Plural steht. → Regel 2
Nous n'avons pas de voiture.

Bei *être* bleibt der unbestimmte Artikel in der Verneinung erhalten. → Regel 3
Ce n'est pas du café, c'est du thé.

3. Der Artikel nach Mengenangaben S. 142

Nach **Mengenangaben** steht statt des (Teilungs-)Artikels nur ***de***. → Regel 4
Je prends un peu de viande.
Je veux 100 g de pommes de terre.

Mengenangaben:	3 kilos de	assez de	trop de
	un verre de	beaucoup de	tant de

→ Tabelle 4

Ausnahme: Nach ***bien*** (sehr viele), ***la plupart*** (der/die/das meiste[n]) und ***la moitié*** (die Hälfte) steht der volle Teilungsartikel (bzw. *de* + Demonstrativ- oder Possessivbegleiter).
Bien des élèves ont des problèmes.
La plupart de son temps il fait de la musique.
La moitié de la classe est malade.

→ Regel 5 Nach ***aimer*** und ***préférer*** steht der bestimmte Artikel, auch in der Verneinung.
Je n'aime pas la bière, je préfère le vin.

4. *avoir besoin de* und andere feststehende Ausdrücke S. 147

Bei den feststehenden Ausdrücken *avoir besoin de, parler de, plein de* und *s'occuper de* wird der Artikel wie im Deutschen verwendet.

→ Tabelle 5–6

Ich brauche +	J'ai besoin de/d' +	D / F
Brot.	pain.	kein Artikel
das Auto.	la voiture.	best. Artikel
einen Freund.	un ami.	unbest. Artikel
dein Buch.	ton livre.	Possessivbegl.
diese CD.	ce CD.	Demonstrativbegl.
100 Francs.	100 Francs.	Zahlwort

Je ne parle pas d'argent, moi, je parle de mon amour.

→ Tabelle 7 Es gibt auch feststehende Ausdrücke, die keinen Begleiter haben, z. B.:
J'ai faim. Je n'ai pas faim.
J'ai peur. Je n'ai pas peur.

Grammatische Begriffe

Vielleicht hast du es selbst schon festgestellt und dich darüber geärgert: In den Büchern und in der Schule werden die grammatischen Erscheinungen nicht immer mit demselben Begriff bezeichnet. Manchmal musst du für eine grammatische Erscheinung verschiedene Begriffe lernen, die alle das Gleiche meinen, z. B. Hauptwort, Nomen, Substantiv, *substantif*.
Im Folgenden erklären wir dir alle grammatischen Begriffe, die in unserem Buch vorkommen, anhand von Beispielen. Wenn du also in einer Regel oder in irgendeinem Erklärungstext ein Wort nicht kennst oder vielleicht dessen Bedeutung vergessen hast, brauchst du nur hier in der Liste der grammatischen Begriffe nachsehen.

Begriff	Erklärung bzw. Entsprechung	Beispiel
accent	im Französischen gibt es 3 Akzente: – *accent aigu* (m.): *é* („steigender“) – *accent grave* (m.): *è* („fallender“) – *accent circonflexe* (m.): *ê*	 écouter, téléphone père, très être, tête
Accord	Angleichung des Participe passé an das Subjekt (bei P. c. mit *être*) oder das vorausgehende Objekt (bei P. c. mit *avoir*)	Elle est allée. Ils sont partis. la photo que j'ai prise
adjectif possessif	→ Possessivbegleiter	
Adjektiv	Eigenschaftswort frz.: *adjectif* (m.)	grand, bleu, intéressant
adverbiale Bestimmung	Umstandsbestimmung (des Ortes, der Zeit, des Grundes, der Art und Weise). Sie steht auf die Fragen: *wo? wohin? woher? wann? wie lange? seit wann? warum? wozu? wie? auf welche Art und Weise?*	ici, à Marseille, chez nous demain, hier, dans une heure, comme ça
article partitif	→ Teilungsartikel	
Artikel – bestimmter – unbestimmter – Teilungsartikel	Geschlechtswort frz.: *article défini* (m.) frz.: *article indéfini* (m.) frz.: *article partitif* (m.)	 le, la, les un, une, des du pain, de la confiture, de l'eau
besitzanzeigender Begleiter	→ Possessivbegleiter	
Demonstrativbegleiter	hinweisendes Fürwort in adjektivischem Gebrauch (dt.: *dieser* + Substantiv) frz.: *adjectif démonstratif* (m.)	ce, cet, cette, ces (+ Substantiv)
Demonstrativpronomen	hinweisendes Fürwort, das ein Substantiv ersetzt (dt.: *dieser* ohne Substantiv); oft auch fälschlich für: → Demonstrativbegleiter	celui, celle, ceux, celui-ci (ohne Substantiv)

Begriff	Erklärung bzw. Entsprechung	Beispiel
direktes Objekt	Satzergänzung, die direkt, d. h. ohne Präposition, angeschlossen wird. Es steht auf die Frage: *wen oder was?*	Je vois la lumière. (Ich sehe das Licht.) Je t'aime. (Ich liebe dich.)
direktes Objektpronomen	Fürwort (Pronomen), das ein direktes Objekt ersetzt	Je vois la lumière. Je la vois. me, te, le, la, les, nous, vous
Femininum (f.)	ein Wort weiblichen Geschlechts	la mère, la maison, la voiture
Futur composé	zusammengesetzte Zukunftsform, gebildet aus: *aller* + Infinitiv	je vais faire (ich werde tun)
Hilfsverb	*avoir* und *être*; sie werden vor allem verwendet zur Bildung des Passé composé	j'ai, nous avons, je suis, vous êtes
Imperativ	Befehlsform frz.: *impératif* (m.)	viens (!), ne parle pas (!), écoutez (!), allons (!)
indirektes Objekt	Satzergänzung, die mit einer Präposition angeschlossen wird. Es steht auf die Fragen: *wem? womit? wofür? für wen?* usw.	Je pense aux vacances. Elle sort avec Pierre. Il parle du travail.
indirektes Objektpronomen	Fürwort (Pronomen), das ein indirektes Objekt ersetzt (dt.: *mir, ihm, ihnen* usw.)	me, te, lui, nous, vous, leur Je te téléphone.
Infinitiv	Grundform des Verbs (dt.: *kaufen, warten*) frz.: *infinitif* (m.)	acheter (-er), attendre (-dre), finir (-ir)
Intonationsfrage	Frage, die sich vom Aussagesatz nur durch die Betonung unterscheidet Also: Stimme am Ende des Satzes heben; schriftlich Fragezeichen	Je t'aime. – Tu m'aimes? Il vient ce soir? Vous avez faim?
Inversionsfrage	Frage, die gebildet wird, indem man das Verb vor das Subjekt stellt	Comment allez-vous? Où es-tu? (Wo bist du?) Que fait papa?
Konjugation	Formveränderung (Beugung) des Verbs	Konjugation von *finir*:
konjugieren	ein Verb beugen, d. h. es in die verschiedenen Personen und Zeiten setzen	je finis, tu finis, il finit, nous finissons, vous finissez, ils finissent
konjugiertes Verb	gemeint ist: das Verb, das die Person bezeichnet (im Gegensatz zum Infinitiv und zum Partizip). Wichtig ist dieser Begriff im Passé composé (hier wird immer das Hilfsverb konjugiert), im Futur composé (hier ist *aller* das konjugierte Verb) und bei anderen Verben mit Infinitivergänzung.	Nous avons fait … (*avons* ist die konjugierte Form, *fait* das P. p.). Elle va arriver (*va* ist das konjugierte Verb, *arriver* der Infinitiv). Je ne veux pas travailler (*veux* ist das konjugierte Verb, *travailler* die Infinitivergänzung).

Begriff	Erklärung bzw. Entsprechung	Beispiel
Konsonant	Mitlaut, alle Laute außer den → Vokalen	b, c, d, f usw.
Maskulinum (m.)	ein Wort männlichen Geschlechts	le père, le train, le livre
Nomen	→ Substantiv	
Objekt	Satzergänzung Im Französischen unterscheidet man zwischen → direktem Objekt und → indirektem Objekt (mit Präposition)	Elle aime Pierre. (*wen?* → direktes Objekt) Elle pense à Pierre. (*an wen?* → indirektes Objekt mit Präposition *à*)
Objektpronomen	auch: Objektvertreter; Personalpronomen, die für ein → direktes oder → indirektes Objekt stehen	direkt: le, la, les, me, te, nous indirekt: me, te, lui, nous, leur
Participe passé (P. p.)	Partizip der Vergangenheit – die Form des Verbs, die zusammen mit dem Hilfsverb das → Passé composé bildet	arrivé, choisi, rendu, pris, fait, lu, été, eu, pu, voulu
Passé composé (P. c.)	die aus der Präsensform eines Hilfsverbs (*avoir* oder *être*) und dem → Participe passé zusammengesetzte Vergangenheitsform	Nous avons mangé. Elle a bu un coca. Ils sont sortis.
Personalpronomen	auch: Personalvertreter, persönliches Fürwort (dt.: *ich, du, er, sie, es*) vgl. auch → Objektpronomen	je, tu, il, elle, on, nous, vous, ils, elles, moi, toi, lui, elle, nous, vous, eux, elles
Plural (Pl.)	Mehrzahl	les garçons, des fruits
Possessivbegleiter	besitzanzeigender Begleiter (dt.: *mein, dein*) frz.: *adjectif possessif* (m.)	mon, ma, mes, ta, ses, leurs
Possessivpronomen	besitzanzeigendes Fürwort, das ein Substantiv ersetzt (dt.: *der meine/meinige*); oft auch fälschlich für → Possessivbegleiter	le mien, le tien, le sien
Präposition	Verhältniswort; man braucht es um z. B. ein indirektes Objekt an das Verb anzuschließen, für eine Ortsangabe: *bei, vor, in* für eine Zeitangabe: *vor, nach, seit* usw.	de, à, avec chez, devant, dans avant, après, depuis
Präsens	die Zeit, die die Gegenwart bezeichnet (im Gegensatz zu Vergangenheit und Zukunft) frz.: *présent* (m.)	je mange (Präsens) j'ai mangé (P. c.) je vais manger (Futur composé)

Begriff	Erklärung bzw. Entsprechung	Beispiel
Pronomen	Fürwort, es steht für ein Substantiv. Man unterscheidet zwischen → Personalpronomen, → Relativpronomen, → Reflexivpronomen, → Possessiv- und → Demonstrativpronomen (oft auch unter falscher Verwendung des Begriffs)	Pierre: il, Pauline: elle je, tu, il, elle, on, nous qui, que me, te, se gemeint sind also zumeist die → Possessiv- bzw. → Demonstrativbegleiter: mon, ma, tes bzw. ce, cette, ces
Reflexivpronomen	rückbezügliches Fürwort; es ist das direkte oder indirekte Objekt der reflexiven Verben	je – me: je me lave il/elle – se: il/elle se lave
Relativpronomen	leitet einen Relativsatz ein (dt.: *der*, *welcher* usw. Die Frau, *die* ich gesehen habe, … Ich weiß, *was* ich will).	qui, que: La femme qui est au salon … La femme que j'ai vue … Je sais ce que je veux.
Singular (Sg.)	Einzahl	le livre, un livre
Subjekt	Satzgegenstand als Antwort auf die Frage: *wer oder was?* frz.: *sujet* (m.)	Mon père est malade. La voiture est chère. Nous sommes là.
Substantiv	Hauptwort, Nomen frz.: *substantif* (m.)	la table, le disque, la grippe, la faim, le verbe
Teilungsartikel	bezeichnet unbestimmte Mengen und abstrakte Begriffe frz.: *article partitif* (m.)	du pain, de l'eau Je bois du café. Elle écoute de la musique.
Verb	Tätigkeitswort, im Französischen in Gruppen eingeteilt nach den Endungen im Infinitiv: *-er* *-dre* *-ir* und unregelmäßige Verben	jouer, lire, pouvoir parler, acheter attendre, entendre finir, choisir faire, venir
Vokal	Selbstlaut	a, e, i, o, u, y

Vokabeln lernen, aber wie?

Am Vokabellernen führt leider kein Weg vorbei, wenn man eine neue Sprache lernen möchte. Du kannst aber versuchen, das sicher nicht immer angenehme, vielleicht sogar lästige Lernen zu perfektionieren, um den Arbeitsaufwand in erträglichen Grenzen zu halten.
Dabei können dir Lerntechniken eine Hilfe sein.

Davon wollen wir dir einige vorstellen.

Doch zunächst einige grundlegende Tipps, die du beim Vokabellernen berücksichtigen solltest:

1.
Lerne und wiederhole häufig, aber nicht allzu lange. 10 Minuten pro Tag reichen.
Lieber 3 x 10 Minuten lernen als einmal 30 Minuten pauken.

2.
Nimm dir immer nur eine begrenzte Anzahl von Vokabeln vor.
20 Vokabeln pro Tag sind ein guter Richtwert.

3.
Sprich die Vokabeln beim Lernen laut vor dich hin. Sie prägen sich so besser ein.

4.
Schreibe die schwierigen Vokabeln möglichst auch auf und kontrolliere ihre Schreibung.
So fallen dir Probleme in der Rechtschreibung rasch auf.

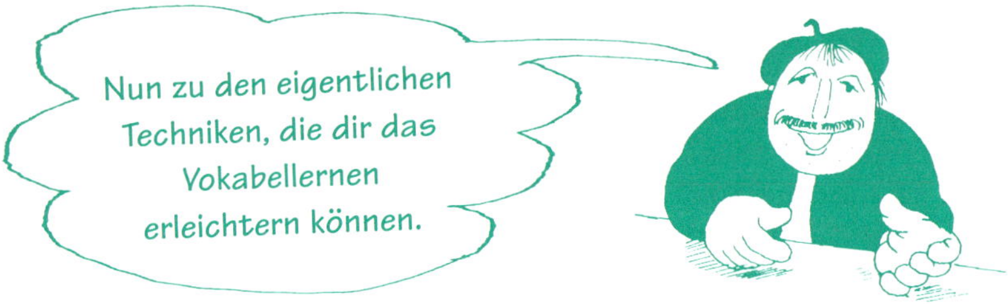

1. Lernen mit der Kartentechnik

Schreibe Vokabeln und Ausdrücke, die du dir schwer merken kannst, auf kleine Karteikarten oder Zettel im Format DIN A 7. Vorderseite deutsch, Rückseite französisch:

Vorderseite	Rückseite
Na, so was! Donnerwetter!	Ça alors!

Du kannst die Karten mischen und ablegen, wenn du die Vokabeln sicher beherrschst. Du solltest immer ein Päckchen solcher Karten bei dir haben, im Schulbus, beim Zahnarzt, auf der Reise oder im Café, wenn du auf deinen Freund oder deine Freundin wartest ...

2. Lernen in Gegensatzpaaren

Der Mensch denkt in Gegensätzen. Wenn er von „heiß" spricht, denkt er gleichzeitig auch an „kalt". Nutze diese Besonderheit beim Vokabellernen. Schreibe dir, wann immer möglich, Gegensatzpaare auf, und zwar in zwei Spalten:

grand ⟷ petit
blanc ⟷ noir
sur ⟷ sous
devant ⟷ derrière
monter ⟷ descendre
arriver ⟷ partir
entrer ⟷ sortir

Halte jeweils eine Seite zu und versuche, das gegensätzliche Wort zu finden.

3. Lernen in Wortfamilien

Wer Vokabeln systematisiert, kann sie besser lernen und behalten. Eine gute Möglichkeit besteht darin, Wortfamilien auf jeweils einer kleinen Karteikarte (vgl. „Lernen mit der Kartentechnik") zusammenzustellen. Wenn dir ein Wort der Familie begegnet, erinnerst du dich leicht an die anderen „Familienmitglieder".

admirer	bewundern
admiration (f.)	Bewunderung
admirateur (m.)	Bewunderer/Anhänger
admiratrice (f.)	Bewunderin/Anhängerin

4. Lernen mit der Wortnetz-Technik

Wenn du dir ein Wort wie „Schule" vorstellst, fallen dir dazu sofort viele andere Wörter ein, die damit im Zusammenhang stehen, z. B. Lehrer, Klasse, Schulhof, Pause, pauken, pfuschen, Tafel, Kreide, ... Du könntest die Reihe beliebig fortsetzen.
Diese Fähigkeit des Gehirns, alle zu einem Thema bekannten Wörter und Ausdrücke zu assoziieren, das heißt automatisch abzurufen, ist eine wichtige Lernhilfe für Fremdsprachen.

Der Lerneffekt ist dann am größten, wenn du die zu einem Thema gehörenden Wörter und Ausdrücke zusammenstellst und ordnest. Wir schlagen dir vor, sie in einer Art Wortnetz zu ordnen.

Das geht so:
Du gehst von einem Thema aus und ordnest um den Zentralbegriff herum wichtige Begriffe, die im Zusammenhang mit diesem Thema stehen. Wir wollen das an einem Thema verdeutlichen, das dir sicher nicht unsympathisch ist:

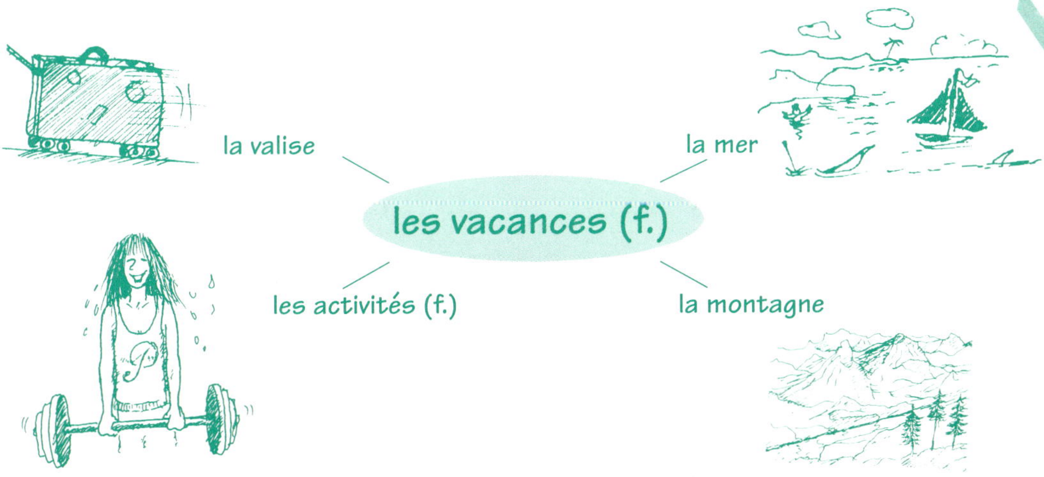

In einem nächsten Schritt verzweigst du nun weiter, indem du alle Vokabeln und Ausdrücke, an die du dich im Zusammenhang mit diesen Begriffen erinnerst, darum herumgruppierst.

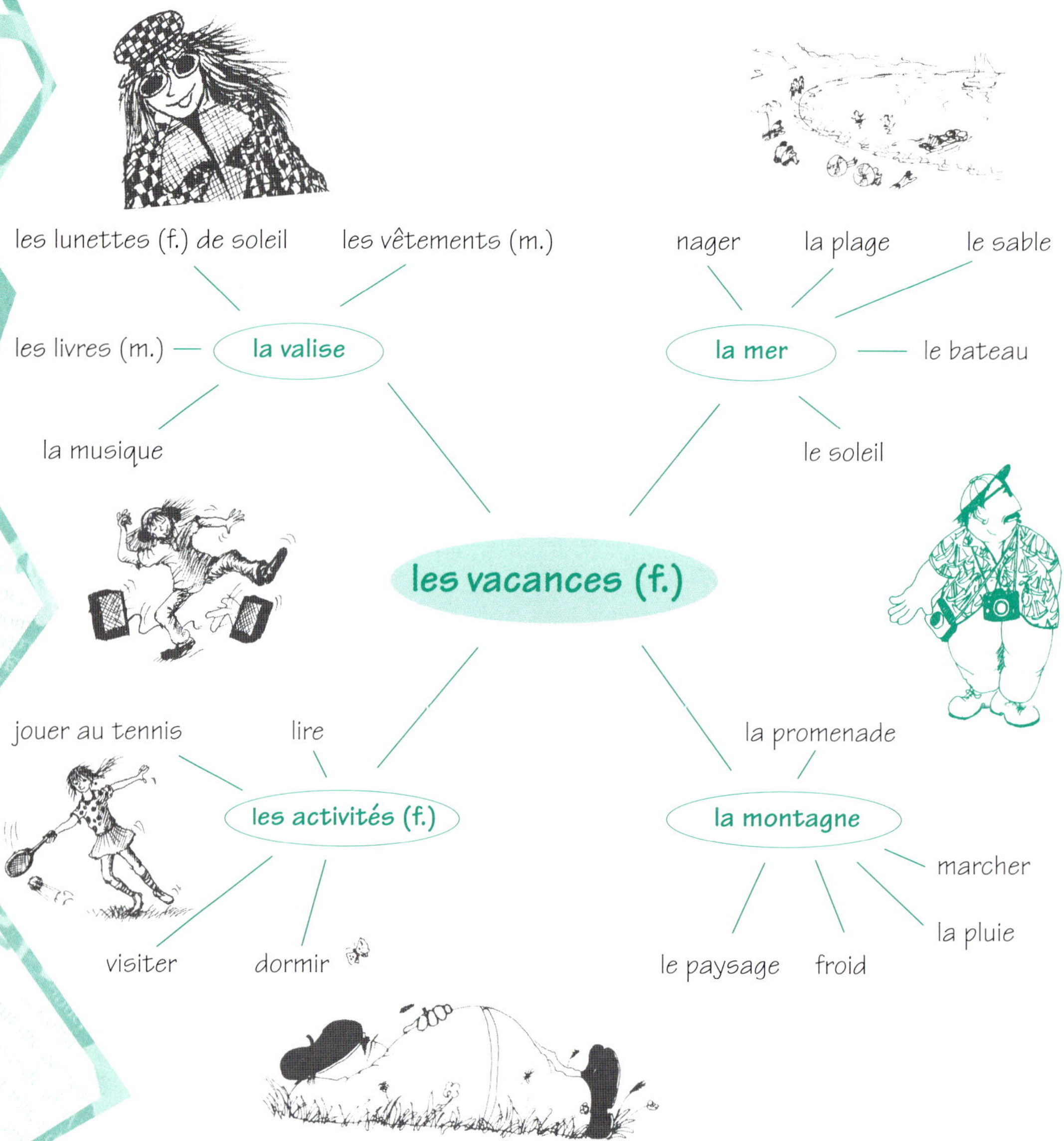

Rechtschreibtraining

Die Rechtschreibung ist ja schon im Deutschen nicht gerade ein Zuckerschlecken, und nun erst in der Fremdsprache?! Aber Angst machen gilt nicht. Es gibt Techniken, mit deren Hilfe man die Rechtschreibung in der Fremdsprache üben und verbessern kann. Diese wollen wir uns einmal etwas genauer anschauen.

1. Die Drehmethode

Wenn du Vokabeln lernst, solltest du diese nicht nur laut sprechen, sondern auch schreiben. Dabei hat sich das Lernen mit der Vokabelkartei bewährt. Du liest zunächst die Vorderseite mit der deutschen Bedeutung und schreibst dann das entsprechende französische Wort bzw. den entsprechenden französischen Ausdruck auf ein Blatt und kontrollierst die Rechtschreibung, indem du die Karte umdrehst (deshalb „Drehmethode").

2. Das Einprägen von typischen Buchstabenfolgen

Im Französischen gibt es Buchstabenfolgen, die immer gleich geschrieben werden:

[wa]	wird immer *-oi* geschrieben wie in *le loisir, le mois ...*
[u]	wird immer *-ou* geschrieben wie in *la journée, la route, oublier ...*
[jõ]	wird immer *-tion* oder *-ssion* geschrieben wie in *la direction, l'expression, ...*
[ij]	wird immer *-ille* geschrieben wie in *la fille, briller, ...*
[ʃ]	wird immer *-ch* geschrieben wie in *chercher, changer, ...*
[õ]	wird immer *-on* oder *-om* geschrieben wie in *bon, le garçon, combien ...*
	... usw. ...

Wenn du dir diese Buchstabenfolgen einprägst, kannst du viele Rechtschreibfehler vermeiden.

3. Das Laufdiktat

Das Abschreiben von Texten ist sicher nützlich – aber man neigt dabei zum Selbstbetrug. Warum? Ganz einfach: Man hat den abzuschreibenden Text immer unmittelbar neben dem Schreibheft liegen und läuft dann Gefahr, geistesabwesend abzuschreiben. Wir schlagen dir eine Methode vor, bei der du dich sehr konzentrieren musst.

Lege das Buch/den Text auf einen Stuhl vor deiner Zimmertür oder in eine 3 - 4 m entfernte Ecke deines Zimmers. Schreibe nun den Text auf ein Blatt an deinem Arbeitsplatz, indem du zu dem Text hingehst, dir einen Satz einprägst, zu deinem Arbeitsplatz zurückgehst und den Satz auswendig aufschreibst. Wiederhole dies so oft, bis du den ganzen Text geschrieben hast. Lege dann den Text neben den von dir geschriebenen Text und korrigiere sorgfältig. Unterstreiche die Fehlerstellen mit einem bunten Stift und schreibe die richtige Lösung darüber.

4. Das Wortdiktat

Es gibt Wörter im Französischen, die man immer wieder falsch schreibt, vor allem dann, wenn es ähnlich geschriebene Wörter im Englischen gibt. Schreibe diese Wörter auf kleine Karteikärtchen, unterstreiche die Stelle, die du immer falsch schreibst, mische die Kärtchen und lasse dir die Wörter von einem Partner diktieren. Lege die fertigen Wortkarten mit der Schrift nach unten auf den Tisch und kontrolliere nach circa 20 Wörtern.

A

B

C

W

Z

MENTOR LERN- HILFE

Band 565

Französisch

1./2. Lernjahr

Ça alors! 1

Verbformen, Verneinung, Futur composé, Passé composé, Possessivbegleiter, Teilungsartikel

Lösungsteil

(an der Perforation abtrennen)

Marlies Kohnert
Detlev Mahnert
Wolfgang Spengler

Mentor Verlag München

Nach dem Heraustrennen bitte hier klammern

Eingangstest A S. 7

1. *Falsch sind:* vous ~~penses~~ → *Die richtige Form ist:* pensez – elle ~~dis~~ → dit – tu ~~chante~~ → chantes – ils ~~vienne~~ → viennent – je ~~peut~~ → peux – nous ~~aiment~~ → aimons – tu ~~est~~ → es – on ~~sais~~ → sait – il ~~travaillet~~ → travaille – nous choisissent → choisissons – vous ~~peignet~~ → peignez – tu ~~veut~~ → veux

2. 1. ne travaillons pas – sommes 2. regardent – ne regarde pas – intéresse 3. écoute – porte – n'entendons pas – est – aime 4. entendons 5. regardons – a 6. descend – sort – jette – parle – attend – regardent [*Subjekt in diesem Satz ist* les deux, *deshalb* regardent! *Das* nous *ist Objektpronomen und bedeutet „uns".*] – partent 7. appelle – ne réagissent pas 8. regarde – commençons [*Achtung auf das* ç! *Es steht vor* a, o, u, *wenn das* c *wie* [s] ausgesprochen werden soll.] – est 9. appelons – ne répond pas 10. finit

3. veux – vont – dites – font – sommes – écris – viens – sait – buvons – voyez

4. 1. Range tes affaires. / Range-les. 2. Faites les devoirs … / Faites-les … 3. Dépêche-toi. 4. Ne discutez pas avec le chauffeur. 5. Apportez-moi … 6. va – lave-toi 7. Ne raconte pas … / Ne me raconte pas … [= *Erzähl (mir) keine Märchen!*] 8. soyez 9. Ne me regardez pas … 10. Levez-vous.

Übung A 1 S. 11

Falsch sind (in Klammern geben wir dir die richtige Form!): il ~~pars~~ (il part) – je ~~doit~~ (je dois) – je ~~finit~~ (je finis) – tu ~~doit~~ (tu dois) – je ~~laves~~ (je lave) – vous ~~faisons~~ (vous faites) – elle ~~offres~~ (elle offre) – je ~~sort~~ (je sors) – nous ~~admirez~~ (nous admirons) – vous ~~lisent~~ (vous lisez)

Übung A 2 S. 13

1. regarde 2. donnent 3. aime 4. écoute – trouve 5. trouve – chantent 6. entendons 7. descendons – descend 8. sortons – entends 9. part 10. réfléchissons 11. arrivent 12. racontons 13. écoutent – réfléchit 14. rend 15. pense – cherche 16. sort – descend 17. attends – sortons – joue 18. finit – commence 19. regardons

Übung A 3 S. 14

je sors – tu parles – il chante – elle finit – nous descendons – vous finissez – ils appellent – elles fument

Übung A 4 S. 15

2. il bavarde 4. nous rendons 5. j'achète 8. je vends 9. vous oubliez 13. elle travaille 14. vous regardez 17. il entend 20. elle sort 23. il boit 26. elle invite 27. tu écoutes 30. ils nagent
→ BRAVO – TRES BIEN!

Übung A 5 S. 18

2. Nous appelons le garçon. 3. Tu enlèves ça enfin? 4. Tu m'ennuies beaucoup. 5. Nous commençons à discuter. 6. Tu répètes ça? 7. Nous répétons notre question. [*Aus Gründen der Logik muss aus dem* ma *jetzt* notre *werden: Wir wiederholen unsere Frage.*] 8. J'achète du vin blanc. 9. Les garçons essuient les tables. [*Wir haben hier auch* tables *in den Plural gesetzt, weil es wahrscheinlich nirgends so viel Personal gibt, dass mehrere Kellner einen einzigen Tisch abwischen …*] 10. Nous changeons de restaurant.

Übung A 6 S. 21

1. vais 2. va 3. Elles vont à l'église. 4. Tu vas à la montagne? 5. Nous allons à la plage. 6. Vous allez à l'usine?

Übung A 7 S. 21

1. Je suis en Italie. 2. Jean est à la gare. 3. Elles sont à l'église. 4. Tu es à la montagne? 5. Nous sommes à la plage. 6. Vous êtes à l'usine?

A

Übung A 8
S. 22

E					E		
S	O	M	M	E	S		
T				T			
				E			
				S	U	I	S
							O
							N
							T

				A	I
A	V	O	N	S	
V		N			A
E		T			
Z					

Übung A 9
S. 22

2. sommes 3. est 4. es 5. êtes 6. est 7. êtes 8. sont 9. Est 10. suis 11. est 12. sommes

Übung A 10
S. 23

2. ai – a [qui *als Fragepronomen wird wie im Deutschen mit der 3. Person Singular verbunden; bei* être *kann es auch die 3. Person Plural sein:* Qui sont ces enfants? – *Wer sind diese Kinder?*] 3. as 4. avez 5. avons – a 6. a – ai 7. ont 8. as

Übung A 11
S. 23

2. Ah oui, j'ai la glace et l'eau minérale, mais je n'ai pas les œufs. [*Da schon in der Frage von* les œufs *die Rede war, bleibt der bestimmte Artikel auch in der Verneinung. Das ist nicht anders als im Deutschen. Nur wenn vorher noch nicht von „Eiern" die Rede gewesen wäre, hätte Marc sagen müssen:* Je n'ai pas d'œufs. – *s. dazu S. 140f.*] 3. Mais alors, qui a les œufs et le pain? 4. Nous avons le pain. [*In einer echten Sprechsituation hätten die drei gesagt:* C'est nous qui l'avons – *auf eine Frage mit* qui *wird meist mit der Hervorhebungs-Formel* C'est … qui *geantwortet, wobei das Verb nach* qui – *im Gegensatz zur Regelung beim Fragewort* qui *[vgl. Lösung zu Übung 10, Satz 2] in der Person steht, die logisch zum Subjekt gehört:* C'est moi qui ai … – C'est nous qui avons … *etc.*] 5. Oui, et nous avons aussi les tomates. 6. Est-ce que vous avez aussi la table? 7. Moi, j'ai la table. Alors, nous avons tout …

Übung A 12
S. 24

2. ont 3. sont 4. ont 5. ont
6. ont 7. sont 8. sont 9. sont 10. ont

Übung A 13
S. 25

2. avons 3. ont – fais 4. avez 5. ai – dis 6. a – faites 7. dites – fais 8. dis 9. dis 10. disent – dis – font

Übung A 14
S. 26

1. craignez 2. crois 3. reçois 4. vivez
5. joint 6. bats 7. courons 8. détruis

Übung A 15
S. 28

2. partent 3. peuvent 4. dit – faites 5. veulent – ont 6. prennent 7. vont 8. savent – va

Übung A 16
S. 29

1. retrouvent 2. va – apprend 3. peuvent 4. arrivent 5. sait – comprend 6. peut 7. dit – comprends 8. avez 9. pouvez 10. repart 11. répond 12. faites – pouvez

Übung A 17
S. 30

Samedi: ai – ai. Dimanche matin: part – sommes. Lundi: entrons – avons – va – sont – commencent – comprends – trouvons – rencontrons – sommes – va. Mardi: achète – prenons – part

Übung A 18
S. 31

1. tu vas – je vais – chante [*heißt hier „besingen"*] 2. m'inspirent 3. sens 4. m'apporte 5. vois 6. lève [*Achtung auf den* Accent grave *auf* lève*!*] 7. faites – buvez [*Wenn du hier Schwierigkeiten hattest, sieh auf S. 34 im Kapitel „Imperativ" nach!*]

Übung A 19
S. 32

1. va 2. peux – monte – prends 3. trouve 4. voit – repose 5. vais – arrive 6. fais – peux 7. veux

Übung A 20 S. 35

2. Ferme le livre. 3. Ne parle pas. 4. Fais attention. 5. Lis le texte. 6. Ecris les mots. [*Vielleicht hast du erwartet, dass man* Écris *schreibt – das kann man tun, aber zumeist wird auf Großbuchstaben kein* Accent *gesetzt.*] 7. Répète. [Achtung: Das zweite *é* wird zu *è*!] 8. Réponds à la question. 9. Viens au tableau. 10. Prends ton stylo. [*Da die Aufforderung hier nur an eine Person gerichtet ist, muss es heißen* ton stylo; vos stylos *wäre hier natürlich nicht sinnvoll.*]

Übung A 21 S. 37

2. nous ennuyons 3. me rends 4. se lave 5. se rase 6. me lave 7. se peigne 8. me lave 9. m'habille 10. se dépêche 11. me mets 12. s'arrête 13. se dépêchent 14. s'ennuie 15. s'amuse 16. s'écrit 17. vous écrivez – vous aimez – vous marier 18. s'amusent – nous embrassons

Übung A 22 S. 39

2. fume pas 3. Coupe/Peigne 4. crache pas 5. Lave 6. lance pas 7. Mange 8. m'embête 9. montre pas 10. parle pas 11. vas pas

Übung A 23 S. 41

2. ne la bois pas. 3. ne lui prête pas [à Sabine *(indirektes Objekt)* → lui.] 4. ne les accompagnez pas 5. ne lui donne pas 6. ne te baigne pas

Übung A 24 S. 43

1. Ne stationnez pas ici, s.v.p. [*Hast du den wesentlichen Unterschied gemerkt? Vor dem Infinitiv bleibt* ne pas *zusammen, vor dem Imperativ wird es – wie vor jeder konjugierten Verbform – zur Klammer.*] 2. Ne fumez pas. 3. N'utilisez pas l'appareil sur la flamme gaz. 4. Ne déposez pas d'ordures, s.v.p. 5. Ne vous appuyez pas, ne vous penchez pas au dehors. 6. Ne parlez pas avec le chauffeur. 7. N'ouvrez pas (la porte) avant l'arrêt du train. 8. Dépêchez-vous.
Du wirst vielleicht gemerkt haben, dass wir immer die Pluralform (= Höflichkeitsform) des Imperativs verwendet haben – es handelt sich ja um öffentliche Bekanntmachungen, und da wird selbstverständlich die Sie-Form verwendet!

Übung A 25 S. 44

1. sait – vient – sont [*vgl. Lösung zu Übung 10, Satz 2!*] 2. connaît – s'appelle 3. a – regarde 4. voit – changent 5. deviennent – vient 6. connaissent 7. ne savent pas – habite 8. apparaît 9. Ne vous étonnez pas 10. rencontrez 11. peut – voulez – soyez 12. tournez – voulez – ne la voyez plus 13. aiment 14. ne se moquent 15. ne parle pas 16. choisit 17. appelle – donne 18. travaille 19. dit 20. apporte-lui – dépêche-toi 21. ne la laisse pas

A + B

Lösungen Kapitel B

Eingangstest B S. 48

1. Mme Picard n'est pas là. – Je ne comprends rien. – Mes amis ne viennent plus aujourd'hui. – Nous n'avons pas d'enfants. – Nous ne mangeons pas de viande. – Je ne le sais pas. – Isabelle ne lui écrit plus.
2. Ce n'est pas un chat … – Ce ne sont pas des francs français … – Pauline n'aime pas les chiens, elle préfère les chats. – Madame, vous n'aimez pas le soleil?
3. Je n'ai pas vu M. Troupard. – Il n'est pas encore arrivé. – Il ne m'a pas écrit. – Il ne m'a plus téléphoné. – Il n'est pas rentré chez lui.
4. je ne veux pas venir te voir. – je ne vais pas au cinéma avec toi. – je ne veux pas rester à la maison. – je ne dois plus travailler. – On ne peut rien faire!

Übung B 1 S. 50

2. je ne parle pas 3. je ne comprends pas. 4. je n'aime pas 5. il ne marche pas. 6. je ne fume pas. 7. elles n'arrivent pas 8. il n'est pas

Übung B 2 **S. 51** 3. Claire n' écrit jamais 4. je n'entends rien 5. Rainer connaît quelqu'un 6. Vous avez déjà fini? 7. je ne parle pas encore bien. 8. On mange quelque chose?

Übung B 3 **S. 51** 2. je ne connais pas encore 3. on ne danse plus. 4. je ne bois rien. 5. tu ne travailles jamais. 6. il n' y a personne. 7. elle ne voit rien. 8. nous n' écoutons plus. 9. je ne veux plus regarder.

Übung B 4 **S. 52** 2. les profs ne donnent pas de mauvaises notes 3. elles n'ont pas de fenêtres! 4. nous n'avons pas d'antenne! 5. il ne vend pas de lait! 6. il n'y a pas d' eau dedans! 7. on ne mange pas de viande!

Übung B 5 **S. 53** 2. ce n'est pas un cheval 3. ce n'est pas une ferme 4. Ce ne sont pas <u>les</u> amis [*Hier steht der bestimmte Artikel* les, *weil er auch in der Frage schon erscheint. Hätte die Großmutter z. B. gesagt:* Devant le château, il y a des gens, des soldats peut-être?, *so hätte Bernard antworten müssen:* Mais non, ce ne sont pas <u>des</u> soldats …] 5. Ce ne sont pas des fleurs!

B

Übung B 6 **S. 55** 2. je n'aime pas le sandwich. 3. Je n'aime pas le fromage. 4. je n'aime pas les bananes 5. Je n'aime pas l'orangina. 6. Je n'aime pas l'infusion.

Übung B 7 **S. 56** 2. Ne fume pas 3. Ne regarde pas 4. Ne lis pas de BD [*Achtung Regel 2!*] 5. Ne dors pas 6. Ne triche pas! 7. N'oublie pas

Übung B 8 **S. 57** 2. je ne le sais pas. 3. on n'y va pas. 4. on ne lui téléphone pas. 5. nous ne le prenons pas 6. je ne te donne pas mon livre! 7. on ne les attend plus. 8. je ne la connais pas.

Übung B 9 **S. 58** 2. Il n'a pas fait 3. Il n'a pas rangé 4. Il n'est pas allé 5. Il n'a pas fermé 6. Il n'a pas acheté <u>de</u> pain [*Achtung: Regel 2!*] 7. Il n'est pas rentré

Übung B 10 **S. 59** 3. Elle ne l'a pas encore lavé. 4. Elle ne l' a pas encore préparé. 5. Elle ne leur a pas encore écrit. 6. Elle ne l' a pas encore trouvé. 7. Elle ne l' a pas encore fait. 8. Elle ne lui a pas encore téléphoné.

Übung B 11 **S. 60** 2. ils ne veulent pas aller 3. il ne va pas acheter 4. je ne peux pas venir 5. je ne vais pas prendre 6. on ne va pas jouer 7. elle ne veut pas encore partir 8. il ne faut pas encore partir 9. nous ne pouvons rien entendre 10. On ne doit rien faire.

Übung B 12 **S. 62** 1. Non, on <u>n'y va</u> pas. / Non, on ne va pas y aller. / Non, on ne va pas aller au cinéma. [*Diesen letzten Satz würde man nur dann sagen, wenn man gleichzeitig einen Gegenvorschlag macht, z. B.:* Non, on ne va pas aller au cinéma, on va aller au cabaret. – *Sonst würde man wohl der ersten Fassung den Vorzug geben.*] 2. Non, nous n' avons pas de maison. [*Geläufiger aber wäre:* Non, nous n'en avons pas.] 3. Non, je ne fume pas. 4. Non, il ne la regarde plus. / Non, il ne regarde plus la télé. / Non, il ne regarde jamais la télé. 5. Non, je ne l'ai pas acheté. [*Möglich:* Non, je n'ai pas acheté le CD, j'ai acheté la cassette.] 6. Non, elle ne lui a pas encore écrit. 7. Non, je ne le prends pas. 8. Non, ils ne sont pas sortis ce soir. 9. Non, nous <u>ne</u> pouvons <u>rien</u> voir. 10. Non, elle ne <u>t'</u>attend pas. 11. Non, ils ne l'ont pas aimé. / Non, ils n'ont pas aimé le film. 12. Non, ce n'est pas un sac en cuir 13. Non, je ne comprends pas. 14. Non, je ne l'ai pas encore fait. 15. On ne peut rien faire. 16. Non, ce ne sont pas des photos de Christiane 17. Non, je ne fais plus <u>de</u> fautes.

Lösungen Kapitel C

Eingangstest C S. 65

1. Madame et M. Leclerc vont – ils vont – Adrien va – Sophie va – vous allez – Nous allons
2. Je veux apprendre [*auch möglich:* je voudrais apprendre – *ich möchte Englisch lernen – oder:* j'aime apprendre – *ich lerne gern Englisch*]. Est-ce que tes amis peuvent venir – Abdul sait bien nager – Vous aimez/voulez écouter
3. je ne vais pas venir. – ils ne vont plus rester. – je ne veux pas boire. – nous n' aimons pas sortir. – je ne le sais pas. [je ne sais pas l'heure *geht natürlich auch*] – il ne faut pas encore partir.
4. elle ne va pas l'acheter. – elle ne va pas le prendre. – elle ne veut pas y aller. – elle ne doit plus lui téléphoner. – elle ne peut pas les envoyer.

C

Übung C 1 S. 67

Dies ist ***ein*** *Lösungsvorschlag:*
1. Je vais aller nager. 2. Tu vas lire le nouvel Astérix. 3. Pierre va aller au stade. 4. Nous allons danser au club. 5. Vous allez jouer aux cartes. 6. Paul et Robert vont réparer le vélo.
Du kannst die Sätze natürlich auch ganz anders zusammensetzen.

Übung C 2 S. 67

2. on va prendre 3. je vais passer 4. nous allons regarder 5. Brigitte va faire 6. ils vont venir

Übung C 3 S. 69

2. elle va téléphoner 3. je vais regarder 4. nous allons réviser 5. ils vont acheter 6. je vais manger

Übung C 4 S. 70

2. ils ne vont pas arriver 3. on ne va pas inviter 4. nous n'allons pas faire 5. je ne vais pas venir 6. ils ne vont pas rentrer

Übung C 5 S. 71

2. elle va le faire. 3. nous allons y aller. 4. je vais lui écrire. 5. ils vont les apporter. 6. je vais t'aider. 7. je vais t'appeler.

Übung C 6 S. 72

2. papa va m'aider. 3. je vais lui écrire. 4. elle va y aller. 5. nous allons le prendre. 6. nous allons lui donner à manger. 7. il va te téléphoner.

Übung C 7 S. 72

2. on ne va pas **y** aller 3. je ne vais pais **la** faire 4. je ne vais pas **le** réparer 5. on ne va pas **lui** téléphoner 6. je ne vais pas **t**'accompagner

Übung C 8 S. 74

1. je veux 2. nous pouvons/nous savons [*Zum Unterschied zwischen* pouvoir *und* savoir *vgl. S. 76*] 3. nous voulons 4. il faut *oder:* on doit 5. il peut/il sait 6. tu veux 7. tu peux/tu sais 8. elle veut 9. il doit [*Hier geht es nur so. Allerdings kennen die Franzosen auch noch die Möglichkeit* il lui faut – *aber das lernst du erst später.*] 10. ils peuvent *oder:* vous pouvez [*wenn „Sie" als höfliche Anrede gemeint ist*]/ils savent *oder* vous savez

Übung C 9 S. 75

2. Jean-Paul, tu peux 3. Moi, je peux 4. On pourrait 5. Anne et moi, nous pouvons 6. les garçons peuvent 7. Paul veut 8. moi, je voudrais

C + D

Übung C 10 S. 77 1. sait [*Er hat es noch nicht gelernt.*] 2. sait [*Sie hat die drei Sprachen nämlich gelernt.*] 3. peux [*Hast Du die Möglichkeit, Gelegenheit, Zeit dazu?*] 4. peux [*Lesen gelernt hat der Großvater, aber es ist ihm nur noch mit Brille möglich.*] 5. sais, peut [*Schwimmen als Fähigkeit, die man gelernt hat, zu der man aber ohne Wasser keine Gelegenheit hat, sie zu nutzen.*] 6. savez 7. pouvons [*Für die letzten beiden Sätze brauchtest Du wohl keine Erklärung mehr!*]

Übung C 11 S. 77 1. Je peux venir à 5 heures. 2. (Est-ce que) Tu sais parler anglais? *Oder:* Sais-tu parler anglais? 3. Je ne peux pas écrire, je n'ai pas de stylo. 4. Nous pouvons aller à Paris. 5. Il sait bien nager. 6. Savez-vous faire du ski? *Oder:* Est-ce que vous savez faire du ski?

Übung C 12 S. 78 2. Il faut ouvrir 3. Il faut acheter 4. Il faut prendre 5. Il faut faire 6. Il faut écouter.

Übung C 13 S. 79 3. Ils doivent 4. Tu dois 5. Il faut 6. Je dois 7. Il faut 8. Vous devez 9. Elle doit 10. Il faut 11. Il doit 12. Je dois

Übung C 14 S. 79 2. elle aime nager …, mais elle aime mieux nager 3. nous aimons écouter …, mais nous aimons mieux écouter 4. il aime voir …, mais il aime mieux voir 5. j'aime sortir …, mais j'aime mieux sortir 6. nous aimons danser …, mais nous aimons mieux danser
Wie du im Beispielsatz 1 gesehen hast, könntest du auch statt j'aime mieux / elle aime mieux *jedesmal* je préfère / elle préfère *sagen.*

Übung C 15 S. 80 3. elle ne sait pas faire 4. je n'aime pas nager. 5. nous ne voulons pas aller 6. ils ne doivent pas préparer 7. il ne peut pas apporter 8. il ne faut pas encore rentrer 9. je ne veux plus regarder 10. nous ne pouvons pas venir

Übung C 16 S. 82 1. Je n'aime pas y aller. 2. Je ne veux pas y aller. 3. Je ne peux pas y aller. 4. Elle n'aime pas lui écrire. 5. Elle ne veut pas lui écrire. 6. Elle ne peut pas lui écrire. 7. Ils n'aiment pas leur répondre. 8. Ils ne veulent pas leur répondre. 9. Ils ne peuvent [*möglich wäre hier aber auch:* savent] pas leur répondre. 10. Je n'aime pas t'aider. 11. Je ne veux pas t'aider. 12. Je ne peux pas t'aider.

Lösungen Kapitel D

Eingangstest D S. 84

1. Hilfsverb + Participe passé
2. donné – fini – parti – raconté
   mangé – rendu – dormi – attendu
3. eu – pris – mis – été – pu
   lu – voulu – fait – vu – ouvert
4. Il a acheté une radio. – Vous avez réparé le vélo. – Elle a lavé les verres. – A 8 heures, nous avons mangé. – Monique a écouté des CD. – Le garçon a servi les boissons. – Tu as bien dormi dans ce lit? – Vous avez entendu le bruit? – Jean-Marc a perdu son match.
5. Une belle dame est entrée au salon. – Nous sommes partis à 17 heures trente. – Vous êtes descendu[1] / descendue[2] / descendus[3] / descendues[4] à la plage? – Ils sont allés au cinéma. – Elle n'est pas venue. – Ils ne sont pas entrés au musée. – Marie, tu es sortie dimanche?

[*Erläuterung zu* descendu: *Die Frage richtet sich* – [1] *an eine männliche Person, die man mit „Sie" anredet* (vous *als Höflichkeitsform*); – [2] *an eine weibliche Person, die man mit „Sie" anredet;* – [3] *an mehrere Personen (von denen mindestens eine männlich ist);* – [4] *an mehrere weibliche Personen.*]

6. Oui, je les ai vues – Non, je ne les ai pas faits. – Oui, elle les a achetés.

7. Quelle voiture est-ce qu'il a achetée? – Combien de concours est-ce que ses sœurs ont gagnés? – Quels exercices est-ce que tu as faits? – Combien de voitures est-ce qu'il a vendues?

8. Nous nous sommes couché(e)s à 8 heures. [couchées, *wenn es sich ausschließlich um weibliche Personen handelt.*] – La robe qu'elle s'est achetée n'est pas très belle. – Nous nous sommes lavé les mains. – Aujourd'hui, nous nous sommes réveillé(e)s très tard. – Elle ne s'est pas dépêchée. – Elles se sont enfin lavé les pieds.

D

Übung D 1
S. 88

2. Non, ils ont mangé des croissants. 3. Non, nous avons réparé la voiture. 4. Non, j'ai cherché mes clés / les clés. 5. Non, mais il a lavé les assiettes.

Übung D 2
S. 88

2. avons mangé 3. avons écouté 4. ont acheté 5. j'ai préparé – j'ai rangé 6. avons déjeuné

Übung D 3
S. 89

2. a choisi 3. a (déjà) servi
4. as rempli 5. (Tu) as (bien) dormi?

Übung D 4
S. 89

1. as entendu 2. avez répondu
3. ont vendu 4. a perdu

Übung D 5
S. 89

2. as écouté 3. avez choisi 4. as rendu
5. as changé 6. a rempli

Übung D 6
S. 91

1. j'ai mangé 2. elle a parlé 3. il a fait 4. nous avons dormi 5. tu as choisi 6. vous avez été 7. j'ai entendu 8. ils ont pu 9. tu as attendu 10. vous avez lu 11. j'ai été 12. vous avez pris 13. ils ont mis 14. j'ai vendu 15. elles ont acheté 16. on a travaillé 17. ils ont eu 18. elle a voulu 19. j'ai vu 20. vous avez écrit 21. ils ont dit 22. ils ont ouvert

Übung D 7
S. 91

2. (elle) n'a pas téléphoné. 3. (il) n'a pas répondu. 4. (ils) n'ont pas fini. 5. (elle) n'a pas écrit. 6. (nous) n'avons pas regardé la télé. 7. (Je) n'ai pas vu. 8. (Nous) n'avons pas choisi.

Übung D 8
S. 92

Akzente spielen im Kreuzworträtsel keine Rolle, weil sie auf Großbuchstaben weggelassen werden können.
Waagerecht: 1 VOULU 4 VAS 6 NE 7 FEU 9 DE [*S. 142ff.!*] 10 CE 11 MIS 12 AMEN 13 MA 15 SU 16 DIT 18 FAIT 21 LU 22 ROSES 24 PAS 26 EAU 27 LAC 28 URI 29 ONT 30 EN 31 SI 32 NL 35 TE 37 AS 38 OUVERT 40 ET 41 ICI 42 EU 44 PRIX 46 EST 49 NÉE 51 PNEUS 53 ÉCRIT 54 ANNE/ANNA
Senkrecht: 1 VA 2 UNE 3 LE 4 VU 5 VENU 7 FIN 8 ES 9 DES 10 ÇA 12 AMIS 13 MAI 14 FILS 17 TU 18 FRANCE 19 AOÛT 20 TÉLÉ 23 SANTÉ 24 PRIS 25 AI 28 USA 32 NOIX 33 LUC 34 ÉTÉ 36 ÊTRE 39 VIENT 43 UN 45 RUE 47 SE 48 TU 50 EIN 51 PI 52 SA

Übung D 9
S. 95

2. il est monté 3. il est resté 4. il est arrivé 5. il est tombé 6. il est sorti 7. il est descendu 8. il est parti 9. il est retourné 10. il est allé 11. il est venu 12. il est revenu

Übung D 10
S. 96

1.	×			
2.		×		
3.			×	
4.				×
5.			×	
6.	×			
7.		×		
8.				×

D

Übung D 11
S. 96

2. (nous) sommes montés 3. (nous) sommes descendus – (nous) sommes arrivés 4. (nous) sommes entrés 5. (nous) sommes sortis – (elle) est tombée 6. (elle) est restée 7. (je) suis resté 8. (Daniel et Saïd) sont allés 9. (ils) ne sont pas entrés 10. (ils) sont rentrés

Übung D 12
S. 98

1. (nous) sommes arrivés 2. (je) suis descendu 3. j'ai nagé 4. j'ai marché 5. j'ai rencontré 6. (elle m') a invité 7. (nous) sommes allés 8. j'ai pris 9. (qui) a payé 10. (je) n'ai pas dépensé 11. J'ai quitté 12. j'ai vu 13. J'ai regardé 14. (je) suis resté 15. (j') ai entendu 16. J'ai tourné 17. j'ai vu 18. (nous) avons parlé 19. (elle) m'a montré 21. (nous) avons nagé 22. (nous) sommes rentrés 23. (nous) avons fait 24. (la soirée) a été

Übung D 13
S. 99

Il a mis le café dans la tasse – Il a mis le lait dans la tasse de café – Il a mis le sucre dans le café au lait – avec la petite cuiller – Il a tourné
Il a bu le café au lait – et il a reposé la tasse sans me parler – Il a allumé une cigarette – Il a fait des ronds avec la fumée – Il a mis les cendres dans le cendrier sans me parler – sans me regarder …
Il s'est levé – son chapeau sur la tête – il a mis son manteau de pluie parce qu'il pleuvait – et il est parti sous la pluie – sans une parole – sans me regarder – et moi, j'ai pris ma tête dans ma main – et j'ai pleuré
Anmerkung: Jacques Prévert hat in seinen Gedichten häufig keine Satzzeichen gesetzt!

Übung D 14
S. 101

2. Il s'est amusé. 3. Je me suis lavée. 4. Nous nous sommes levés. 5. Vous vous êtes amusés? [*Möglich auch:* amusé / amusée / amusées – *vgl. dazu die Lösung zu Eingangstest 5, S. 165,* descendu: *Mit* vous *kann man eine männliche oder weibliche Einzelperson meinen, die man mit „Sie" anredet, oder mehrere Personen.*] 6. Les garçons ne se sont pas lavés.

Übung D 15
S. 102

Hast du immer daran gedacht, dass es eine weibliche Person ist, die von sich erzählt?
(Je) me suis levée. – Je suis allée à la salle de bains.
Je me suis lavée. – J'ai appelé mon frère. – (Mon frère) ne s'est pas lavé.
(Nous) sommes descendus à la cuisine. – (Nous) n'avons pas pris de petit déjeuner. [*Zu* ne pas … de *vgl. Kapitel B. 1 und F. 2*] – (Nous) sommes partis pour l'école.
(Mon frère) ne s'est pas dépêché. – (Nous) sommes arrivés trop tard. – (Je) me suis amusée à l'école.
(A 5 heures), je suis rentrée, – j'ai écouté de la musique – (et à 10 heures), je me suis couchée.

Übung D 16 S. 106

2. Je les ai mangées (aussi). 3. Je l'ai mangée. 4. Je l'ai mangé. 5. (Je l'ai bu.) 6. Je l'ai bue. 7. Je les ai bues.

Übung D 17 S. 106

2. … m'a achetés? 3. … a apportées? 4. … j'ai choisis?

Übung D 18 S. 106

1. … a ouverte? 2. … a prise? 3. … a volés? 4. vues

Übung D 19 S. 107

2. Mais Papa les a déjà lavés. 3. Mais Papa les a déjà repassées. 4. Mais Papa l'a déjà préparée. 5. Mais Papa l'a déjà mise. 6. Mais Papa les a déjà faits.

Übung D 20 S. 107

2. (que nous) avons faites – (que tu) m'as montrés 3. (que j') ai prises 4. (Tu les) as (déjà) mises 5. (que j') ai rencontrés – (que j') ai achetées – (que j') ai prise 6. (je les) ai oubliées 7. (Tu les) as trouvées? 8. (que tu m') as promis

Übung D 21 S. 108

2. (Il) a salué 3. (j') ai vu 4. (que j') ai vue 5. (Je) me suis dit 6. (Cela m') a intéressé – (je) suis resté 7. (je ne l') ai (pas) dépassée 8. (J') ai allumé – (j') ai entendu 9. ont volé 10. (Ils) ont (peut-être) pris 11. (qu'ils) ont enlevée 12. (je) me suis approché 13. (Ils) ne m'ont pas vu – (nous) sommes arrivés 14. (Les bandits) ont pris 15. (ils) se sont arrêtés 16. (Je) suis descendu 17. (les bandits) m'ont vu – (ils) sont partis 18. (j') ai ouvert – (j') ai trouvé 19. (Nous) sommes allés 20. (Les journalistes) sont venus 21. (je) leur ai raconté 22. (Les amis) ont levé 23. (la porte) s'est ouverte – (Mme Muscadet) est entrée 24. (Les amis) se sont regardés 25. (ils) ont compris – ont commencé 26. (M. Muscadet, lui,) est parti 27. (il) n'est plus jamais revenu

Lösungen Kapitel E

Eingangstest E S. 113

1. son amie – son pantalon – sa chemise – son sweat – ses chaussures – son blouson
2. *Achtung, es handelt sich um mehrere Besitzer!*
   ses copains – leurs vélos – Leur professeur – Leurs parents – leurs affaires – leurs affaires – leurs vélos
3. ses enfants – vos pulls – vos chemises – vos T-shirts – vos sweats – votre chambre
4. votre adresse [*höfliche Anrede*] – votre numéro de téléphone – mon adresse – mon numéro de téléphone

Übung E 1 S. 115

1. ma bouteille	tes lettres	sa voiture
2. mes cassettes	ton journal	son timbre
3. mon livre	ton CD	ses croissants
4. mon pull	tes sacs	son gâteau
5. ma classe	ta table	ses pommes

Übung E 2 S. 116

1. sa ville 2. son vélo 3. sa copine 4. tes timbres 5. ma télé 6. ton frère 7. sa sœur

Übung E 3 S. 116

1. sa chambre 2. sa table – ses devoirs 3. ses amis 4. ses livres 5. ses notes 6. sa mère 7. tes amis 8. mes devoirs – mon professeur – mon travail 9. ton vélo – tes copains – ton professeur

Übung E 4
S. 118

1. son professeur 2. ses devoirs – son contrôle 3. **son** amie [*Achtung:* amie *beginnt mit einem Vokal, deshalb die männliche Form!*] 4. tes devoirs 5. mes copains 6. **ton** idée [*Achtung: wieder ein Vokal am Anfang des Wortes!*] 7. mon anniversaire 8. ma famille – mes grands-parents

Übung E 5
S. 119

2. son pull – son pantalon 3. tes cassettes – mes cahiers 4. ses CD – ses livres 5. son accident – sa voiture 6. sa maison – son hôtel

Übung E 6
S. 119

a) 1. sa carte 2. son billet 3. ses lunettes 4. son appareil photo 5. sa chemise 6. son argent 7. son sac à dos 8. son pantalon

b) 1. ma carte – Ta carte 2. mon billet – Ton billet 3. mes lunettes – Tes lunettes 4. mon appareil photo – Ton appareil photo 5. ma chemise – Ta chemise 6. mon argent – Ton argent 7. mon sac à dos – Ton sac à dos 8. mon pantalon – Ton pantalon

E

Übung E 7
S. 122

1. vos pulls – Nos pulls 2. vos pantalons – Nos pantalons 3. vos livres d'anglais – Nos livres d'anglais 4. vos lunettes de soleil – Nos lunettes de soleil 5. votre cadeau – Notre cadeau 6. votre adresse – Notre adresse 7. vos papiers – Nos papiers 8. votre appareil photo – Notre appareil photo

Ils montrent leurs pulls, leurs pantalons, leurs livres, leurs lunettes de soleil, leur cadeau, leurs papiers, leur appareil photo.

Übung E 8
S. 123

3. nos chambres	✓	
4. ~~notre paquets~~		nos paquets
5. ~~mon livres~~		mes livres
6. ~~son papiers~~		ses papiers
7. ~~leur cassettes~~		leurs cassettes
8. ~~votre ateliers~~		vos ateliers
9. vos copains	✓	
10. ~~leur professeurs~~		leurs professeurs

Übung E 9
S. 124

1. votre chambre – vos clés – votre passeport 2. Mon passeport – ma voiture 3. vos valises 4. vos affaires – vos clés 5. mes clés 6. votre manteau 7. mon parapluie – mon sac – votre chef de cuisine

Übung E 10
S. 125

1. son enfant 2. vos gants 3. sa voiture 4. leur nouvelle maison 5. votre café 6. son vélo 7. ses lunettes

Übung E 11
S. 126

1. ses livres. 2. leur professeur. 3. votre revue. 4. leur(s) CD. 5. ses gants. 6. son parapluie.

Übung E 12
S. 126

1. leur 2. sa 3. sa 4. leurs 5. sa
6. leurs 7. leur 8. leurs 9. sa 10. ses

Übung E 13
S. 127

1. leur argent – leur télévision – leur ordinateur – leurs cassettes – leurs tables – leurs chaises – leur cuisine – leur salon 2. mes livres de classe – mes CD – Tes CD 3. vos papiers – nos papiers – tout notre argent 4. son appareil photo – son appareil photo – ses livres de classe – son sac à dos – ses CD 5. ses lettres – son livre avec ses adresses – ses belles robes 6. leurs affaires

Eingangstest F S. 130

1. du pain – des oranges – de l'argent – de la confiture – de l' eau minérale – un poisson [*Durch das angehängte* délicieux *und die genaue Bezeichnung* un thon *wird deutlich, dass es sich hier um einen bestimmten Fisch handelt, nicht um das Nahrungsmittel „Fisch" z. B. im Gegensatz zu „Fleisch"*] – du poisson [*Hier geht es um „Fisch" ganz allgemein als Nahrungsmittel, also nicht um einen einzelnen Fisch, deshalb Teilungsartikel!*] – du fromage – un camembert [Pas beaucoup *und* juste = *„gerade einmal" weisen darauf hin, dass hier nur noch von einem Käse die Rede ist, deshalb* un.]
Anmerkung: In den Sätzen 2, 3 und 8 (2. Teil) hätte man evtl. auch den bestimmten Artikel einsetzen können, wenn der Kontext (= der inhaltliche Zusammenhang in dem der Satz steht) entsprechend wäre. Dem Satz 2 könnte z. B. folgenden Frage vorausgehen: «Regarde, la marchande a des beaux fruits – tu en achètes?» – *„Kaufst du welche?" Die Antwort könnte dann sein:* «D'accord, j'achète les oranges.» *Da wir den Kontext aber nicht kennen, setzen wir den Teilungsartikel* des *ein.*
2. du sport – de l' anglais – de la musique – le rap [*Nach* aimer *und* préférer *steht der bestimmte Artikel!*] – pas d'alcool – du vent – jamais de fautes [Jamais *ist ein Verneinungswort wie* pas *oder* plus, *deshalb nur* de*!*]
3. Je prends du pain et / avec un peu de confiture. – Non, je ne fais pas de sport. – On mange beaucoup de poisson. [= *„viel Fisch"; nicht „viele Fische" – das würde bedeuten, dass die Leute Vielfraße sind …*] – Donnez-moi 250 g de beurre, 3 bouteilles d'orangina et un grand pain. [du grand pain *gibt es nicht: Es gibt zwar „Brot" als Nahrungsmittel, aber nicht „großes Brot"; es kann sich bei* grand pain *also nur um ein Einzelstück handeln, deshalb der unbestimmte Artikel.*] – Elle boit trop de coca et (elle) ne mange pas assez de fruits. – Oui, mais la plupart des gens sont déjà partis.
4. J'ai besoin de ta voiture. – Elle n'a jamais le temps. – J'aime beaucoup le foot. / Ce que j'aime beaucoup, c'est le foot. – Je bois quelquefois une bière, mais je préfère le coca. – (Mais) ton travail est plein de fautes!

Übung F 1 S. 133

2. du 3. de la 4. de l' 5. de la 6. de l' 7. du 8. du 9. de la 10. du 11. du 12. de la 13. de l' 14. du

Übung F 2 S. 134

1. des boissons – du coca, de l'eau minérale, de l'orangina, de la limonade 2. des gens – du café [*oder auch* un café; *beides ist hier möglich.*] 3. des salades [*Plural!*] – du pain, du beurre, du fromage 4. de la musique 5. du hard 6. des CD, des cassettes

Übung F 3 S. 134

1. … je lis des livres, j'achète des revues spéciales, 2. je mets des rondelles, 3. et de la crème fraîche et du citron et des blancs d'œufs, 4. et de la mousse au chocolat, 5. avec des jaunes d'œufs et avec de la bière,

Übung F 4 S. 135

1. … du thé 2. du chocolat 3. du pain, du beurre, de la confiture 4. des légumes, des frites, de la salade, des fruits, du fromage 5. du vin, de l'eau, du [*möglich auch:* des] jus de fruits 6. des sandwiches 7. du poisson

Übung F 5 S. 137

1. une bière ou deux [*Durch den Zusatz* ou deux *wird deutlich, dass hier* une *als Zahlwort gemeint ist*] 2. du pain – un pain blanc [*Durch den angefügten Fragesatz* Vous voulez l'avoir – *Wollen Sie es haben? wird deutlich, dass es sich nur noch um ein Weißbrot handelt, deshalb* un pain blanc.] 3. un verre 4. c'est du plastique? – c'est du verre 5. du café, du thé [*Man könnte hier auch sagen:* un café ou un the?; *in der Antwort, bei der Bestellung, wird auf jeden Fall der unbestimmte Artikel (als Zahlwort) verwendet:*] un petit café noir, un thé au citron

Übung F 6 S. 139 1. elle joue de la guitare 2. elle écoute souvent de la musique 3. elle aime faire du sport 4. elle fait du tennis / elle joue au tennis 5. elle joue aussi au foot / elle fait aussi du foot 6. quand il fait du vent 7. elle fait du surf 8. Il faut avoir du courage 9. elle joue souvent aux cartes 10. elle a de la chance

Übung F 7 S. 141 2. du thé – Nous avons du café, mais nous n'avons pas de thé. 3. Il reste du pain et du beurre? – Il reste du pain, mais (il ne reste) pas de beurre. 4. Tu as de l'argent ou des chèques? – Je n' ai pas d'argent, mais j'ai encore des chèques. 5. du coca, de la limonade. – Nous avons du coca, mais nous n'avons pas de limonade. 6. une nouvelle voiture – Non, nous n'avons pas de voiture. 7. de l'eau minérale et de la bière – J'ai acheté de l'eau minérale, mais pas de bière. 8. des copains? Non, elle n'a pas de copains, mais elle a des copines.

F

Übung F 8 S. 143 1. des fruits – assez de fruits – pas assez de pain 2. trop d'alcool – boire de l'alcool 3. trop de gâteau – la plupart de nos invités 4. un peu de chocolat – je ne mange jamais de chocolat [ne … jamais *ist eine Verneinungsform, wie* pas *oder* plus, *deshalb steht nur* de *danach!*] 5. du fromage – une mousse au chocolat [*Bei einer Bestellung im Restaurant oder auch bei einem privaten Essen erwartet man eher den unbestimmten Artikel, wie im Deutschen, wenn man nur* <u>*ein*</u> *„Exemplar" haben möchte: Bringen Sie mir bitte eine Mousse, ein Bier. Bei Brot würde man statt dessen sagen:* Apportez-moi <u>du</u> pain, s.v.p. – *Bringen Sie mir bitte Brot (oder etwas Brot* – un peu de pain)] 6. pas <u>un</u> chat [= *nicht eine einzige; es handelt sich hier um ein „geflügeltes Wort", das darauf anspielt, dass im August die Pariser alle in Urlaub sind.*] 7. des frites 8. La plupart du temps 9. jamais d'alcool [*s. Satz 4!*] 10. assez de courage

Übung F 9 S. 144 *Die richtigen Zahlen:* 248 + 506 + 47 + 93 + 123 + 83 + 42 + 126 + 31 + 211 + 29 + 194 + 50 + 6 = **1789**

Übung F 10 S. 145 1. du café 2. trop de coca – de l' eau minérale 3. pas d'alcool 4. assez de viande – trop de frites 5. des fruits – des oranges 6. de la salade – du pain blanc 7. pas de beurre – pas de sucre

Übung F 11 S. 146 2. Philippe aime la bière, 3. mais Marc n'aime pas la bière. [*Besser, d.h. situationsgerechter, wäre es sicher zu sagen:* Marc <u>ne l'aime</u> pas. – *Aber wir üben ja hier den Artikel und nicht das Objektpronomen …*] 4. <u>Les</u> jeunes aiment la musique. [*Erinnerst du dich? Wir haben gesagt, dass man den Artikel* des *dann setzen kann, wenn man im Deutschen „einige, ein paar" o.ä. sagen könnte. Hier ist aber nicht gemeint, dass einige Jugendliche Musik mögen, sondern junge Leute ganz allgemein. In diesem Fall setzt man den bestimmten Artikel (vgl. Regel 2)*] 5. Vous avez du pain? 6. Ces lunettes, c'est du plastique? 7. Non, c'est du verre! 8. Je n'ai pas assez d'argent. 9. Le petit monsieur / homme mange 100 g de viande. 10. Tu veux du beurre? 11. Vous prenez encore des tomates? 12. Nous n'avons plus de fromage.

Übung F 12 S. 149 1. Tu as encore besoin de mon vélo? 2. J'ai besoin du vélo, et j'ai aussi besoin d'une pompe. 3. Elle a toujours besoin d'argent. 4. (Lui), il parle de foot, et elle, elle parle de son / leur mariage. 5. Nous n'avons pas besoin de votre voiture. 6. Je n'ai pas besoin de journal. 7. Le parc est plein de chiens. 8. Elle s'occupe souvent de philosophie. 9. Nous avons besoin de ce livre et de cette revue. 10. Tu as besoin de bonnes notes. 11. Nous avons besoin de beurre. Tu sais tout? Alors, tu n'as plus besoin de notre livre!

Übung F 13
S. 150

1. avec des copains [*Möglich wäre natürlich auch:* avec ses copains *oder* avec les copains, *was ungefähr das gleiche bedeutet.*] – il aime faire du sport [*Möglicherweise bist du jetzt etwas verwirrt: Hast du nicht gerade gelernt, dass nach* aimer, préférer *der bestimmte Artikel steht? Richtig – aber in diesem Satz steht* sport *ja gar nicht hinter* aimer, *sondern hinter* faire – *und da bleibt alles wie gehabt …*]. 2. un peu de judo 3. le sport 4. beaucoup de sport – la musique 5. des CD [*Da* CD *eine Abkürzung ist, bekommt das Wort auch im Plural kein* -s.] 6. de la musique 7. du piano – un peu de guitare 8. Marc n'aime pas trop la musique. [*Hast du nicht gelernt, dass nach Mengenangaben nur* de *steht? Richtig – aber das* trop *in diesem Satz gehört zu* aimer *und nicht zu* musique *und ist also gar keine Mengenangabe!* Il n'aime pas trop – *er mag nicht allzu sehr – …*] – du rap 9. pas de CD 10. du café – du cognac [*In dieser Situation, wo etwas angeboten wird, kann man aber ebenso sagen:* un café, un cognac] 11. jamais d'alcool – le thé 12. un thé [*evtl. auch* du thé, *ähnlich wie im Deutschen: „Ich mache Ihnen einen Tee" oder: „Ich mache Ihnen Tee".*] 13. je n'ai plus le temps.

F

Quellenverzeichnis

S. 99f. «Déjeuner du matin», nach Jacques Prévert, aus: «Paroles». Paris 1972 (Erstausgabe 1949), Collection Folio 762, S. 147f., © Editions GALLIMARD